AF455095

MONSEIGNEUR DE PARTZ DE PRESSY,

ÉVÊQUE DE BOULOGNE.

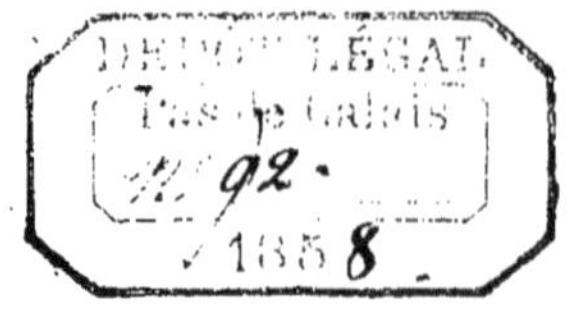

ÉTUDE

SUR

LA VIE ET LES OUVRAGES

de Monseigneur

FRANÇOIS-JOSEPH-GASTON

DE PARTZ DE PRESSY

ÉVÊQUE DE BOULOGNE,

PAR

M. L'ABBÉ DANIEL HAIGNERÉ,

Archiviste de la ville de Boulogne,

Membre de la Société de l'Histoire de France, de l'Académie d'Arras
et de plusieurs autres Sociétés.

Ouvrage couronné par l'Académie d'Arras, dans sa séance solennelle du 26 août 1857.

Justitia et pax osculatæ sunt.

ARRAS,

TYPOGRAPHIE DE A. COURTIN, IMPRIMEUR DE L'ACADÉMIE,

Rue du 29 Juillet.

1858.

MARIÆ

IMMACVLATÆ VIRGINI DEIPARÆ

BOLONIENSIVM

SINGVLARI PATRONÆ

HASCE PAGELLAS

SVPER ARAM IPSIMET

IN INSIGNI ECCLESIA CATHEDRALI

MORINO BOLONIENSI

A MVLTIS RETRO SÆCVLIS ERECTAM

ET POST INIVRIAM TEMPORVM

NVNC TANDEM RESTITVTAM

VOTO PIÆ DEVOTIONIS OBLATAS

AVCTOR

D. D. D.

in prim. vesp. festi vij Dolor. ejusdem B. M. V.

v kal. octobris, anno Chr. m. dccc. lvj.

RAPPORT

SUR LE

CONCOURS D'HISTOIRE

PAR

M. L'ABBÉ ROBITAILLE,

Membre résidant.

MESSIEURS,

L'Académie, en donnant pour sujet du concours de 1856 l'*Étude de Monseigneur de Pressy, sa vie et ses écrits*, n'avait pas la pensée d'arracher à l'oubli une mémoire qu'une éminente sainteté et un profond savoir ont rendue impérissable. Elle savait que son souvenir est vivant, non-seulement sur cette terre qu'il arrosa de ses sueurs, féconda de ses travaux et enrichit de ses bienfaits, mais encore dans la France entière, où ses vertus sont en vénération et ses écrits justement appréciés par les hommes solidement instruits.

Mais en reconnaissant que de nombreuses sympathies se

réunissent autour du nom de l'ancien évêque de Boulogne, elle ne se dissimulait pas qu'il manquait encore d'historien. Il avait eu, il est vrai, un éloquent panégyriste dans M. l'abbé Coquatrix, et pour un évêque ordinaire la postérité n'eût rien demandé de plus. Mais Mgr de Pressy était un prélat remarquable par les grandes choses qu'il avait faites pendant son épiscopat semi-séculaire, et plus encore peut-être par les savants écrits qu'il avait laissés.

Quelques fleurs jetées sur sa tombe, quelques louanges sorties d'une bouche amie, ne pouvaient payer la dette de nos contrées envers un homme qui en était une des gloires les plus pures. On ne saurait tout dire, en effet, dans un éloge funèbre, parce que les limites en sont nécessairement restreintes, et que, prononcé immédiatement après la mort de celui auquel il s'adresse, il n'est que le premier jet d'une pensée dont le développement complet sera l'œuvre du temps et de la réflexion, surtout quand il s'agit d'une vie qui touche par tant de côtés aux intérêts les plus graves, et d'ouvrages nombreux dont le mérite ne pouvait être parfaitement apprécié que par la postérité.

Aussi, malgré la valeur incontestable du travail de son vicaire général, l'ancien évêque de Boulogne n'était pas suffisamment connu. Certains préjugés peu favorables, habilement répandus par des hommes dont il avait combattu les doctrines, avaient même laissé çà et là des traces profondes. Si jamais la calomnie n'avait osé atteindre sa vie si sainte, ni ses intentions si droites, du moins, elle avait essayé de jeter de l'ombre sur ses grandes qualités et de rabaisser le mérite de ses ouvrages. Des gens honnêtes s'étaient laissés prendre à ce piége. Ils croyaient que le vénéré prélat avait plus de bonne volonté que de lumières, plus de zèle que de perspicacité. Ils ajoutaient que ses écrits, remplis d'idées systématiques, étaient diffus, obscurs, dangereux, opposés à la saine philosophie et aux doctrines de l'Église.

Le judicieux auteur des *Mémoires pour servir à l'histoire ecclésiastique au XVIII*[e] *siècle*, avait émis des doutes sur la justesse de quelques-unes de ses assertions. Cette critique, admise sans contrôle par les biographes, prit sous leur plume des proportions plus grandes, et se transforma, en descendant les années, en une accusation assez sérieuse pour effrayer les esprits timides, et rendre suspecte la foi du saint évêque de Boulogne.

D'autres le blâmaient d'avoir innové en matière de liturgie, sans l'autorisation du Souverain Pontife. La suppression de plusieurs fêtes, et la révision du propre des saints du diocèse leur paraissaient des énormités condamnables. En sorte qu'il était simultanément en butte aux attaques des ennemis de la religion, dont il se montrait un des plus habiles adversaires, et aux reproches de ces zélateurs, qui ne veulent pas compter avec les coutumes séculaires et les exigences des temps.

Il fallait débarrasser la vérité des nuages amassés autour d'elle par des hommes intéressés à ternir la gloire de l'illustre prélat et par ces écrivains légers, qui font de l'histoire à l'aide de ciseaux, au lieu de remonter aux sources et de discuter les témoignages. Il fallait mettre Mgr de Pressy dans son véritable jour et lui restituer ses traits défigurés par l'injustice et la prévention. Ce but ne pouvait être atteint que par une étude approfondie des documents de l'époque et en particulier de ses ouvrages, où sont consignées, à côté des actes de son épiscopat et de sa vie privée, ses doctrines religieuses et philosophiques. Tel était le sens du programme de l'Académie.

Nous sommes heureux de vous dire, Messieurs, que son appel a été entendu. Deux mémoires lui ont été envoyés sur la vie et les œuvres de l'ancien évêque de Boulogne, tous deux étendus, sérieux, savants et véritablement dignes de l'importance du sujet, bien que d'un mérite inégal. Les concurrents ont lu attentivement tout ce qui est sorti de sa plume féconde, comme il est facile de s'en convaincre, en parcourant leur travail, qui n'est qu'une série de passages extraits de ses volumineuses compositions. Sans doute, l'oraison funèbre du prélat, les chroniques inédites et les traditions locales, lorsqu'elles semblaient authentiques, n'ont pas été négligées ; mais ses écrits sont la source principale, où ils ont puisé leurs matériaux et ces traits caractéristiques, qui font de Mgr de Pressy une des plus belles figures du dernier siècle, considéré comme évêque, comme apologiste et comme auteur ascétique.

Sous ce triple aspect il se montre véritablement grand dans leurs pages, remplies de recherches consciencieuses, et empreintes d'un sentiment de profonde vénération. L'Évêque y paraît constamment animé du désir de s'immoler à la gloire de Dieu et au bien des âmes par la pratique de la charité et le sacrifice de lui-même. Ces heureuses dispositions, qu'il avait cultivées au sein d'une famille encore plus distinguée par ses nobles vertus, que par sa haute position sociale, se développent pendant son éducation cléricale, au séminaire de St-Sulpice, brillent avec éclat au début de sa carrière ecclésiastique et l'accompagnent jusqu'au dernier soupir de sa vie.

Ses premiers soins, en prenant possession de son siége, se tournent vers son clergé. Déjà il avait eu l'occasion de le connaître, étant depuis quatre ans vicaire général de son prédécesseur ; néanmoins avant de lui communiquer ses vues, il le réunit en synode, pour l'interroger sur l'état du diocèse. Cette marche naturelle lui permet de traiter avec prudence les intérêts de la religion et ceux de son église en particulier; de tracer à ses coopérateurs des règles propres à former leur vie intérieure, à exciter leur dévouement, à coordonner leurs efforts et à fortifier leur action sur les peuples. Il établit ensuite pour eux des retraites régulières, où il les encourage par la douceur et la force de ses exhortations et les édifie par sa présence aux exercices qu'il suit avec l'exactitude la plus scrupuleuse.

Il se fait surtout remarquer dans son administration par un coup-d'œil sûr et par un zèle infatigable. De-là cet empressement à s'entourer d'hommes distingués par leurs qualités éminentes ; cette discrétion dans le choix des sujets destinés aux cures ; ces examens préparatoires ; ces concours et ces conférences d'où naissent l'émulation, le goût de l'étude et l'amour du devoir ; ces instructions pastorales pour le carême de chaque année, dont il introduit l'usage, inconnu avant lui, dans le diocèse ; ces avis fréquents, envoyés à ses prêtres, pour les éclairer dans les circonstances graves ; ces tournées épiscopales, où il se montre à la fois observateur habile, réformateur prudent, sage conseiller, et père affectueux. De là encore cet ensemble d'institutions, qui sont en même temps la base et l'aliment de la vie sacerdotale, et comme le code du clergé, je veux dire, les statuts synodaux, le rituel et le catéchisme. Dans ces œuvres diverses le prélat fait preuve d'une science théologique aussi sûre qu'étendue, d'une connaissance profonde des lois de l'Eglise, qui le mettent en garde, d'un côté, contre un relâchement condamnable, et de l'autre, contre une sévérité désespérante ; d'un tact exquis, qui lui donne ce langage bienveillant, d'où sont bannies les expressions dures et les formes trop impératives ; enfin d'une grande souplesse d'esprit, à l'aide de laquelle il s'élève aux plus hautes considérations et s'insinue sans efforts dans la raison naissante de l'enfance.

La législation cléricale était complétée ; mais il manquait un établissement destiné au recrutement de la tribu sainte. Boulogne n'avait pas de petit séminaire ; et depuis l'avénement de Mgr de Pressy au siége épiscopal de cette ville, des circonstances diverses avaient mis obstacle à sa fondation. Il lui fut enfin donné de réaliser cette œuvre importante, à laquelle il consacra personnellement une somme de cent cinquante mille francs, et qu'il regardait avec raison comme le couronnement de son organisation diocésaine.

En formant son clergé à la science et à la perfection de son état, le saint évêque travaillait d'une manière efficace au bien spirituel de ses ouailles. Il savait que, malgré son dévouement, le premier pasteur ne peut entrer en relation avec elles qu'à de rares intervalles, tandis que la mission du prêtre le met chaque jour en contact avec la portion du troupeau confié à ses soins, et lui donne sur elle une influence plus directe et plus puissante. Aussi comptait-il sur ses chers coopérateurs pour l'extension du règne de Dieu et l'avenir religieux de ses diocésains.

Cependant il saisissait avec bonheur toutes les occasions de multiplier ses rapports avec son peuple bien aimé. C'est pour cela qu'il fit huit fois la visite de toutes les paroisses de son diocèse, et que dans ses courses apostoliques il ne se contentait pas de faire entendre sa voix du haut de la chaire, mais s'entretenait avec toutes les personnes dont les fonctions ou la position sociale les mettaient à même de procurer le bien des âmes et d'améliorer la situation matérielle des localités. Il interrogeait lui-même les enfants, pour connaître leur degré d'instruction ; il étudiait les besoins et recherchait la source des abus, afin d'apporter le remède au mal, montrant partout une sagesse consommée et une bienveillance qui lui gagnait tous les cœurs.

Revenu de ses tournées de confirmation, il ne perdait pas de vue ceux qu'il venait de visiter. Il composait pour eux ces mandements, ces instructions, ces livres, ces prières remplies d'onction, où son âme aimante s'épanchait tout entière, et leur communiquait la flamme de l'amour divin, dont elle était dévorée ; il établissait de pieuses pratiques, et entre autres le souvenir de la passion du Sauveur, la dévotion au Sacré-Cœur de Jésus, et l'adoration perpétuelle du Saint-Sacrement, qui ont servi de modèle à plusieurs diocèses.

Le même motif de se rapprocher d'eux le portait à prêcher souvent dans sa cathédrale, à entendre les confessions et à administrer le baptême aux enfants, dont les parents en exprimaient le désir. Cette disposition le retint constamment dans son diocèse, qu'il ne quitta que cinq ou six fois pendant son long épiscopat; et encore cet éloignement, toujours très-court et déterminé par des causes graves, coûtait beaucoup à son cœur.

Mais il avait une prédilection marquée pour les pauvres, c'étaient-là, on le voyait, ses amis et ses enfants privilégiés. On lira avec un vif intérêt le récit touchant des immenses aumônes qu'il distribuait par lui-même ou par ses curés, auxquels il envoyait des sommes considérables, surtout dans les calamités publiques.

Cette charité inépuisable, ce dévouement aux misères de l'humanité, qui s'étendaient au-delà des limites du diocèse, et jusqu'en Algérie et en Amérique, prenaient leur source dans une grande élévation de pensée et dans cet oubli profond de lui-même, qui se peignait dans toute sa vie. C'est là ce qui explique la facilité de son commerce, la simplicité de ses habitudes, la modestie de son train, la pauvreté de son ameublement et la frugalité de sa table, en dehors des exigences de son rang. Depuis son entrée dans sa ville épiscopale, où il se déroba à toute distinction honorifique, prenant possession de son église sans aucun éclat, jusqu'au jour où il expira dans une chambre, contenant pour tout mobilier, un pauvre lit, une table, deux chaises et un petit crucifix, il témoigna un grand mépris pour tout ce qui n'intéressait que l'honneur de sa personne, sans toucher au bien de la religion ou au bonheur de son troupeau.

Aussi, on verra sans étonnement le pardon magnanime qu'il accorde à son assassin, les efforts qu'il fait pour l'arracher au supplice et les bienfaits qu'il verse sur sa malheureuse mère, tandis qu'il déploie une juste sévérité contre quelques prêtres attachés à des doctrines hérétiques, et rebelles aux ordres du chef de l'Église. Dans le premier cas, lui seul est en cause; dans le second au contraire il s'agit de la gloire de Dieu et du salut de ses frères : Voilà le secret de cette indulgence, qui va jusqu'à une espèce d'excès, et de cette fermeté qui ne transige pas avec le devoir.

Ces mesures équitables, mais empreintes d'une certaine rigueur opposée à son caractère, et qui excitèrent de nombreuses plaintes de la part des Jansénistes, prouvent son zèle pour la pureté de la doctrine et son attachement au Siége Apostolique, auquel, à l'exemple de Bossuet, il était lié par le fond de ses entrailles, comme il aime à le répéter dans ses écrits. Aussi, pour peu qu'on réfléchisse sur sa conduite en matière de liturgie, on conviendra qu'il a usé avec une extrême réserve de priviléges admis alors comme incontestables par les plus savants et les plus saints évêques de France, et dont l'exercice ne provoquait aucune réclamation de la part de Rome, plus indulgente, il faut le dire, et plus sage que plusieurs de ses défenseurs.

Il donna de nouvelles preuves de son entière soumission aux décisions du Souverain Pontife, dans une circonstance solennelle. Appelé à représenter la province dans l'assemblée du clergé, en 1760, il exerça une salutaire influence sur les esprits, profondément divisés, dans des matières, où était engagée l'autorité du Saint-Siége. Il s'agissait de poser les questions à leur véritable point de vue, d'éclairer les doutes, de dissiper des préventions nombreuses et de faire adopter une résolution conforme aux saines doctrines. Ce résultat si important fut l'œuvre de Mgr de Pressy. Il composa, à cette occasion, un Mémoire remarquable, auquel sa modestie l'empêcha de mettre son nom, mais dont on ne doutera pas qu'il soit l'auteur, quand on aura lu les Mémoires que nous avons sous les yeux. Cet ouvrage fit une profonde impression sur les prélats réunis à Paris et prévint les déchirements dont on était menacé à cette époque critique. C'est un magnifique triomphe dû à l'ascendant des vertus et de la science de l'ancien évêque de Boulogne

Mais un évêque n'est pas seulement le représentant des intérêts divins dans les affaires religieuses. Par la nature de sa mission il se trouve souvent en face des situations sociales les plus diverses et les plus délicates. Il ne peut demeurer étranger au mouvement des idées, ni aux faits qui en découlent, sans compromettre les succès de son ministère et les droits sacrés de l'Église. Mgr de Pressy le comprit. C'est pourquoi, malgré son profond respect pour l'autorité séculière, il n'hésita pas de réclamer contre les empiètements d'un corps, dont la puissance mettait quelquefois en échec le pouvoir royal lui-même, sans s'inquiéter dessuites de sa courageuse démarche. Deux de ses mandements, relatifs à ces démêlés, furent supprimés par le parlement, blessé au vif par la force de ses représentations. Mais ces rigueurs ne purent lui faire changer sa ligne de conduite, parce qu'il était un de ces hommes qui regardent comme un devoir de proclamer la vérité, alors même qu'on s'efforce de l'étouffer, comptant pour peu d'être blâmé par ceux dont il signalait les vexations et par ces caractères faibles qui approuvent tout pour ne pas compromettre leur repos.

A cette indépendance, inséparable d'une conscience droite et éclairée, il joignait une sage appréciation des besoins de l'époque. Il lui paraissait dur de supprimer des fêtes célébrées dans son diocèse de temps immémorial; mais il crut devoir faire ce sacrifice aux circonstances où il se trouvait; remarquant, d'un côté, qu'elles étaient désormais peu respectées par les fidèles, et, de l'autre, que les pauvres n'avaient pas trop d'une semaine habituellement pour gagner leur pain quotidien. Vingt-cinq ans plus tard, Pie VII justifiait sa conduite, en souscrivant au concordat de 1801, où toutes les fêtes sont supprimées, à l'exception de quatre.

Ses idées sur la meilleure forme de gouvernement, sur l'organisation des secours et sur l'extinction de la mendicité, ne différaient pas de celles que nous avons aujourd'hui. On est étonné, en lisant ses ouvrages, de voir combien il avait sérieusement médité les diverses questions sociales qu'on a tant agitées depuis.

Ce qu'il pensait de la scolastique est une nouvelle preuve de la rectitude de son jugement et de son éloignement pour toute espèce de parti pris. Aujourd'hui, les uns blâment tout dans le moyen-âge; les autres y approuvent tout, sans distinction. Ce sont là deux extrêmes à éviter. La scolastique est une science utile et même nécessaire quelquefois pour élucider les doutes, fixer les doctrines au sein des écoles rivales et défendre la vérité contre les attaques de l'hérésie et du sophisme. Mais on peut en abuser comme l'ont fait certains écrivains du moyen-âge et des temps postérieurs, et c'est cet abus que blâme avec raison Mgr de Pressy.

Depuis longtemps déjà, le judicieux prélat considérait avec frayeur la marche des événements et le mouvement des esprits. Il en mesurait la portée et en redoutait les suites, ainsi que plusieurs de ses mandements l'attestent. Néanmoins, il ne désespérait pas du salut de la patrie. Persuadé que tout citoyen doit à l'État son loyal concours, et croyant à une représentation nationale sérieuse, au moment de la réunion des États généraux, il présida à la rédaction des cahiers que son vicaire général, nommé député du clergé, devait porter à l'assemblée. Ces cahiers contenaient des aperçus intéressants et des projets d'améliorations en matières religieuses; mais il était facile d'y découvrir l'esprit de conciliation dont il était animé. Ses idées, à cet égard, allaient si loin, qu'il rendit à Dieu de solennelles actions de grâces d'avoir inspiré à la noblesse et au clergé assez de désintéressement pour renoncer à leurs priviléges, dans l'intérêt de la paix. Il y avait sans doute de l'illusion dans les espérances du généreux prélat. Mais cette illusion, il faut l'avouer, prenait sa source dans les plus nobles sentiments du cœur humain, puisque l'acte du 4 août l'atteignait au double titre d'évêque et de gentilhomme, et que, si la patrie avait pu être sauvée, elle l'eût été infailliblement par de tels sacrifices. Ce zèle pour le bien public l'accompagna jusqu'à ses derniers moments, car la mort le surprit lorsqu'il s'occupait d'un grand travail destiné aux membres de l'Assemblée nationale.

Cette esquisse de la vie de Mgr de Pressy, Messieurs, suffit pour marquer sa place, comme évêque, dans le XVIIIe siècle. Considérons-le maintenant comme apologiste, et essayons, en suivant toujours les auteurs des Mémoires, de lui assigner son rang parmi les défenseurs de la religion chrétienne.

Ce qui lui mérite ce titre, c'est son ouvrage sur l'accord de la foi et de la raison dans les mystères du christianisme, dont M. l'abbé Migne, éditeur de ses œuvres complètes, en 1842, disait : « Jamais des prières si universelles et si instantes ne » nous étaient venues pour la réimpression d'un ouvrage, com- » me pour celui dont il s'agit. »

L'éminent auteur se propose surtout de réfuter les objections de Bayle et de Rousseau, dont les systèmes, selon lui, auront de nombreux partisans, tandis que la philosophie de Voltaire ne laissera aucune trace après elle. Cette opinion, étrange pour les esprits superficiels, dénote une connaissance profonde des doctrines philosophiques et de leur action sur l'intelligence humaine. En effet, que Voltaire étonne par la fécondité de son talent, on en convient; qu'on lui assigne une place distinguée parmi les poètes français, c'est justice; que sa plume ait été susceptible d'écrire l'histoire, s'il avait eu moins de préjugés, on l'accorde encore. Mais qu'on en fasse un philosophe, dans le vrai sens du mot, c'est-à-dire un penseur, ayant un ensemble d'idées, un corps de doctrines, un système avec son point de départ, sa méthode et ses formules scientifiques, c'est chose impossible. A-t-il fait école? A-t-il appartenu à quelqu'une des écoles antérieures ou contemporaines? A-t-il touché aux rudiments de la science, ou s'est-il élevé à de hautes considérations métaphysiques ? Il a écrit, il est vrai, sur les matières religieuses et philosophiques; il a ses travaux bibliques et son dictionnaire ; il y manie avec habileté l'ironie, le sarcasme et le blasphème ; mais nuls principes fixes, nulles doctrines suivies, nul dogmatisme raisonné ; ses convictions en philosophie étant aussi incertaines, aussi vacillantes qu'en religion. Il peut donc avoir des imitateurs, mais non des disciples ; aussi, quand de nos jours, on parle de la philosophie de Voltaire, c'est pour signaler l'impiété railleuse, ou du moins l'indifférentisme religieux.

Il n'en est pas de même de Bayle et de Rousseau. Tous deux sont d'une école très-connue. Leur symbole, avec de légères nuances, est celui du rationalisme pur, excluant tout élément surnaturel, toute intervention d'une intelligence supérieure à celle de l'homme, et rejetant comme absurde ce que la raison ne peut saisir par ses seules lumières. D'où suit la négation absolue de toute religion fondée sur la révélation divine, et, par suite, des mystères qui sont l'objet de la foi. Le savant évêque de Boulogne comprenait la puissance d'une philosophie qui flatte l'orgueil humain et s'adresse directement à ses instincts d'indépendance intellectuelle dont il est le jouet. Il était témoin des ravages qu'elle causait au sein des écoles comme dans les rangs les plus élevés de la société et il en prévoyait les suites à jamais funestes pour les générations à venir.

S'est-il trompé dans ses douloureuses prévisions ? Le système suivi par ces deux hommes célèbres n'est-il pas encore celui des philosophes modernes ? N'est-il pas le fond des théories les plus accréditées ? L'éclectisme, le panthéisme, le progrès indéfini, les conceptions transcendentales, mythiques ou symboliques, importées d'Allemagne en France et renouvelées des anciennes théogonies orientales, qu'est-ce autre chose que la raison, rejetant tout criterium de vérité, pris en dehors d'elle-même, et par conséquent tout élément surnaturel dont la source est placée dans la révélation divine ? Et cet enseignement n'a-t-il pas fait une telle impression sur une foule d'hommes de notre siècle, qu'ils croient apercevoir un antagonisme radical entre la raison et la foi ?

Voilà le mal que signalait le vigilant évêque et auquel il voulait apporter un remède, ou du moins opposer une digue, par son ouvrage apologétique. Il y consacra vingt années de sa vie et eut pour but de réconcilier la raison avec la foi dans les mystères du christianisme ; la Création, la Trinité, l'Incarnation, l'Eucharistie, la prédestination, les peines de l'enfer et les autres. Cette tâche était difficile, délicate et même dangereuse; mais il la remplit avec un talent remarquable. En lisant son livre, on est frappé de l'étendue de son érudition, de sa parfaite connaissance des systèmes et des objections de ses adversaires, qu'il expose avec candeur et réfute avec force. Dans ses recherches consciencieuses, il a tout mis à contribution : les livres saints, les pères de l'église, les théologiens, les philosophes anciens et modernes, la physique, la chimie, les mathématiques et la géométrie, lui ont fourni des comparaisons ingénieuses, des aperçus profonds et des démonstrations inattaquables. Aussi son ouvrage est un répertoire de tout ce qui a été écrit sur ces matières, à diverses époques, et un arsenal rempli d'armes victorieuses dont on peut faire usage dans toutes les luttes de la religion contre le rationalisme. Tel est le jugement qu'en ont porté une foule d'hommes distingués par leurs lumières, et qui suffit à lui seul pour le venger des critiques et des accusations dont il a été l'objet.

Ses adversaires, on le conçoit, ne lui pardonnaient pas d'avoir battu en brèche leurs brillantes théories et d'en avoir montré le vide à l'aide de la raison elle-même, qu'ils invoquaient pour unique règle de certitude. Ne pouvant détruire son argumentation toujours rigoureuse, ils s'en prirent à son style qu'ils accusèrent de diffusion et d'obscurité; ils incidentèrent sur les comparaisons dont il se servait, et les vouèrent au ridicule, trouvant plus facile de plaisanter que de raisonner sérieusement.

Des gens honnêtes, effrayés de la part que l'évêque de Boulogne faisait à la raison, leur vinrent en aide, en disant que sa méthode était nouvelle, sa manière trop savante, trop au-dessus des masses, et même de beaucoup d'hommes instruits; ce qui rendait son livre inutile aux fidèles. Ils ajoutaient qu'en approchant si près du flambeau de l'intelligence les mystères de la foi, il les rabaissait au niveau des conceptions humaines et s'exposait à en altérer la nature. Plusieurs allaient jusqu'à soutenir qu'en certains points de doctrine, et spécialement en ce qui regarde les peines de l'enfer, il avait des opinions contraires à celles de l'Église. Mais, pour peu qu'on se livre à l'examen de ces divers reproches, dont les docteurs et les théologiens les plus savants n'ont même pas été à l'abri, il est facile d'en apercevoir la faiblesse et l'injustice.

D'abord, on a évidemment exagéré les imperfections du style de Mgr de Pressy; mais, quand elles seraient aussi grandes qu'on le suppose, ne peut-on pas les expliquer par la nature du sujet qu'il traite, par l'énorme difficulté de se faire comprendre dans des matières si abstraites et qui se prêtent si peu à l'élégance du langage? Sans vouloir, d'ailleurs, diminuer les avantages attachés au talent de bien écrire, n'avouera-t-on pas que le principal mérite d'un pareil travail consiste, avant tout, dans l'étendue de l'érudition, dans la sagesse des doctrines et dans la rigueur du raisonnement?

Il se sert d'hypothèses, dit-on, dont quelques-unes ont excité le rire de ses antagonistes, mais ces hypothèses ont été faites par des auteurs renommés et en particulier par saint Augustin; elles jettent un grand jour sur l'enseignement des mystères, en les rapprochant des phénomènes que nous observons en nous ou dans les autres créatures, et préviennent une foule d'objections, en révélant dans le monde des esprits et dans le monde matériel des faits nombreux aussi inexplicables que les vérités de la foi, et qu'on ne saurait révoquer en doute sans être taxé de folie. Cette méthode n'était pas inconnue dans le passé. Si notre apologiste lui a donné des développements réels dans sa polémique contre les incrédules, il y a été amené par les nécessités de l'époque. A des maux nouveaux il croyait devoir appliquer de nouveaux remèdes. C'est de la logique et du bon sens.

Sans doute, il faut se garder de trop donner à la raison humaine, dont les prétentions exorbitantes sont une source féconde d'erreurs. Mais, s'il y a danger à en étendre trop les limites, il y a aussi danger à lui dénier ses légitimes prérogatives. Le savant prélat a prudemment marché entre ces deux écueils, respectant le domaine également sacré de la saine raison et de la foi, détruisant leur antagonisme apparent sur le véritable terrain de la science, et se servant habilement de l'une et de l'autre pour poser l'édifice de la religion sur des bases inébranlables.

S'il demeure à une hauteur inaccessible aux masses, on ne peut lui en faire un grief, sans méconnaître le fond et les exigences de son sujet. La sphère religieuse et philosophique où il engageait la lutte avec ses adversaires, est un champ inexploré pour la plupart des fidèles; aussi le judicieux écrivain ne s'adressait-il pas à eux, mais à ses prêtres, qu'il voulait éclairer sur les tendances du siècle, et leur fournir les moyens de s'opposer au mouvement désordonné de sa science. En leur envoyant ses instructions, il leur recommandait d'en faire un usage prudent; il les avertissait que les comparaisons qu'elles contenaient, n'étant pas adéquates, comme parle l'école, présentaient nécessairement des points de vue qu'il fallait négliger; que les systèmes exposés par lui, en certaines matières délicates, n'étaient pas un enseignement de l'Église, ni même toujours ses opinions personnelles; mais des données philosophiques ou théologiques, qu'on peut admettre sans blesser la saine doctrine, et par conséquent opposer aux plaintes formulées contre la hauteur ou la sévérité des dogmes chrétiens.

Telle a été sa pensée en particulier, en rappelant le sentiment de quelques théologiens, relativement aux peines de l'enfer, qui selon eux, pourraient perdre de leur intensité dans la série des siècles. Il ne le donne pas comme certain, pas même comme probable, mais seulement comme permis, l'Église ne l'ayant condamné en aucun temps. Le cardinal Sfondrat, au XVIIe siècle, et, presque de nos jours, le savant et pieux M. Emery l'ont soutenu dans des écrits qui ont été mis sous les yeux du Saint-Siége, à diverses époques, et n'ont encouru aucune censure. Comment donc le condamner dans Mgr de Pressy, qui se contente de l'exposer, sans en prendre la responsabilité ? Aussi son orthodoxie n'a pas souffert la moindre atteinte par la publication de cet ouvrage, qui a rendu un immense service à la religion et à la philosophie, et dont le profond savoir lui donne un rang distingué parmi nos apologistes.

Nous n'avons qu'un mot à dire sur ses œuvres ascétiques. Elles se composent de ses Heures, de son livre de la dévotion au Sacré-Cœur de Jésus et de ses mandements destinés au développement des vérités morales et des pratiques de la piété chrétienne. Ses Heures sont un recueil de maximes tirées des auteurs les plus estimés, de conseils appropriés aux diverses conditions de la vie, et de prières pleines d'onction, en parfaite harmonie avec les besoins de l'âme. Dans ses écrits relatifs au culte du Sacré-Cœur de Jésus et de la dévotion au St-Sacrement, on retrouve une science toujours sûre d'elle-même dans les points les plus délicats, une piété douce et confiante, mais sage et éclairée, et un zèle ardent pour le salut des âmes. Le style en est plus facile, plus coulant et plus pur que celui de ses ouvrages de polémique. Aussi ils font les délices des chrétiens pieux et fervents, en même temps qu'ils plaisent aux personnes instruites par la clarté de la doctrine et la justesse du raisonnement. D'où l'on conclûra avec raison qu'il ne mérite pas moins le titre d'auteur ascétique que celui d'apologiste de la religion.

Tel apparait Mgr de Pressy, Messieurs, à la lecture des Mémoires qui vous ont été envoyés, et surtout de celui qui porte le n° 1er. Il a été un évêque remarquable par l'éminence de ses vertus et la sagesse de son organisation diocésaine, par le rôle éclatant qu'il fut appelé à jouer dans le clergé de France, par la fermeté de son caractère dans les luttes qu'il eut à soutenir, par ses vues élevées et son coup-d'œil sûr dans les événemens auxquels il fut mêlé; enfin par son invincible dévouement à la cause du bien. Son apologie des mystères du christianisme restera comme un magnifique monument de sa science, de son zèle et de son intelligence des besoins de son époque, et des dangers de l'avenir; ses livres de piété montreront toutes les richesses de son âme, les touchantes qualités de son cœur et le don précieux qu'il possédait de faire aimer la vertu. Triple couronne que les auteurs des Mémoires ont posée sur son front; mais qu'il doit avant tout à l'initiative de l'Académie.

Le moment est venu, Messieurs, de faire connaître les motifs qui ont déterminé les préférences de la Commission que vous avez nommée, en comparant le travail des deux concurrents.

Partis du même point de vue pour atteindre un but identique, la glorification de la vie et des écrits de Mgr de Pressy, ils suivent une marche différente dans la disposition du sujet. L'auteur du n° 2 le divise en deux parties, dont la première est consacrée au récit de la vie du prélat, et la seconde à l'examen de ses ouvrages. Celui du n° 1er au contraire suit l'ordre des temps, signalant les faits et les écrits à l'époque, où ils se produisent, et encadrant dans des chapitres divers les matériaux qui présentent une même physionomie, c'est-à-dire, l'unité des idées.

La première méthode paraît avoir deux avantages incontestables : elle facilite la suite et l'entrain de la narration, en évitant les coupures et les points d'arrêt; ensuite elle permet de réunir les écrits par catégories et de porter des jugements collectifs, d'où ressort cette vue d'ensemble toujours agréable au lecteur dont elle abrége l'étude et épargne les recherches. Aussi la Commission lui donnait la préférence, avant de commencer son examen.

Mais lorsqu'elle vit que pour ne pas amaigrir sa première partie, l'auteur était forcé d'y faire entrer les matériaux qui appartenaient à la seconde, s'exposant au regrettable inconvénient de se répéter, ou de renvoyer le lecteur à ce qui avait été dit; lorsqu'elle remarqua avec quelle habileté l'auteur de la seconde méthode fondait les faits avec les écrits, tirant de ces derniers les véritables éléments de la vie de l'évêque, au moment où ils paraissent, faisant ressortir, à l'aide des jugements qu'il en porte, le tact de sa conduite, la noblesse de son caractère, la pureté de ses vues et la supériorité de ses lumières dans les circonstances diverses où il se trouve; lorsqu'enfin elle parcourut le catalogue des ouvrages du prélat ordonnancé avec un art admirable, à la fin du Mémoire, où chacun d'eux s'offre à l'amateur avec l'indication de sa date et de son objet, elle n'hésita plus à préférer la marche adoptée par l'auteur du Mémoire n° 1er.

La manière de dire des deux concurrents est d'une parfaite convenance. Partout on rencontre cette réserve, cette modération et cette dignité qui excluent l'injure, l'âpreté du ton, la dureté de la forme, et jusqu'à cette ardeur de zèle contre laquelle on se met trop rarement en garde. L'auteur du Mémoire n° 1er a ici d'autant plus de mérite, qu'il touche plusieurs points délicats, passés sous silence par l'auteur du Mémoire n° 2 comme on le verra plus loin.

Le style n'est entièrement irréprochable ni dans l'un ni dans l'autre. Dans le n° 1er, il a de la pesanteur au début, mais il s'anime bientôt au souffle de l'admiration, inspirée par la vie du prélat. Si on y remarque quelques phrases moins heureuses, moins châtiées, ou légèrement prétentieuses, elles disparaîtront facilement aux épreuves de l'impression. Il y a plus de défauts dans le Mémoire n° 2. On y rencontre assez fréquemment des mots impropres et l'ensemble du travail témoigne d'une certaine inexpérience qu'on ne trouve pas dans son concurrent, dont la facture dénote l'habitude d'écrire.

On verra également des longueurs dans les deux; mais l'auteur du Mémoire n° 1er s'efforce de les justifier par des motifs qui paraîtront peut-être à beaucoup de personnes une excuse très-légitime.

Nous arrivons à ce qui différencie les deux Mémoires d'une manière plus tranchée.

D'abord, le n° 1er est plus complet et plus plein que le n° 2. Que l'auteur ait été mieux servi par les documents, ou qu'il soit plus habile à les mettre en œuvre, on ne peut lui contester la supériorité sous ce rapport. Il donne d'intéressants détails, omis par son concurrent, sur la généalogie de Mgr de Pressy, sur son entrée épiscopale à Boulogne, sur plusieurs autres actes de sa vie, mais surtout sur sa conduite dans l'affaire des *Appelants;* conduite si calomniée par le parti Janséniste, et qu'il était par conséquent nécessaire de justifier. L'auteur, on le voit, a puisé dans des notes de famille, dans les registres du Chapitre de Boulogne et dans diverses pièces, mandements, instructions pastorales ou lettres, au nombre de plus de cent, qui ne sont pas entrées dans l'édition de Migne, dont s'est servi l'auteur du n° 2.

Outre cet avantage considérable, il faut lui reconnaître une plus grande aptitude à enchaîner les faits entr'eux, à les relier aux faits antérieurs, à en expliquer les causes, à en déduire les conséquences. Aussi, en le lisant, non-seulement vous assistez aux événements du moment, mais vous en apercevez la liaison avec ceux qui se sont passés du temps des précédents évêques; de sorte que vous avez sous les yeux les principaux traits de l'histoire ecclésiastique de la contrée pendant près d'un siècle. Car la méthode qu'il applique aux faits, il l'emploie également pour les écrits dont il révèle l'origine et le but, en comparant la situation actuelle avec les actes des épiscopats antérieurs, montrant les améliorations qui sont l'œuvre de Mgr de Pressy, les obstacles qu'il avait à vaincre et les résultats qu'il a obtenus. On sent qu'il domine sa matière et l'assouplit à son gré pour en tirer tout le parti dont elle est susceptible.

Ces considérations nous conduisent à un autre genre de supériorité du Mémoire n° 1er, c'est qu'il met plus en lumière quelques points saillants de la biographie de l'évêque de Boulogne; ainsi il fait mieux voir la sagesse et l'opportunité de ses lois disciplinaires, et par là il donne une véritable importance à ses statuts synodaux, sous le rapport de la législation ecclésiastique. Il caractérise plus heureusement son attitude et son influence à l'assemblée du clergé de 1760, par le soin avec lequel il démontre qu'il est réellement l'auteur du Mémoire anonyme qui a réuni les suffrages de tous les évêques. Il met le lecteur plus à même d'apprécier ses idées larges et la justesse de ses aperçus sur les hommes et les choses du temps, sur le mouvement des esprits et la marche des graves événements de l'époque. Et cet aspect sous lequel il permet de l'envisager est d'autant plus intéressant qu'il était jusqu'ici moins connu.

Enfin, il le venge avec plus d'éclat des reproches qui lui ont été adressés relativement aux changements liturgiques qu'il crut devoir opérer, et des accusations formulées contre certaines doctrines de son livre apologétique. Dans le premier cas, il prouve qu'il a suivi les coutumes admises par tous les évêques du royaume et marché sur les traces des plus vénérés d'entre eux. Dans le second, il établit avec force la parfaite orthodoxie de son enseignement, et sa dissertation à ce sujet se fait remarquer par la convenance des formes, la sûreté des principes et la solidité des arguments.

En reconnaissant, Messieurs, la supériorité du Mémoire n° 1er, la Commission n'a pas perdu de vue le mérite relatif du Mémoire n° 2. Elle le regarde au contraire comme une étude consciencieuse, comme un travail savant et solide à la fois, qui a droit à vos sympathies et à vos encouragements. Aussi, si elle demande la médaille d'or pour l'auteur du premier, elle sollicite pour l'auteur du second une mention très-honorable et une médaille d'argent commémorative[1].

[1] L'auteur de l'ouvrage inscrit sous le n° 1er, pour se conformer aux conclusions du rapport, a soigneusement revu son travail avant de le livrer à l'impression. Il eut pu, sans doute, y donner plus de développements ; mais il faut se souvenir que ce travail, étant une œuvre académique, devait conserver le caractère sous lequel il a été couronné. Il est assez étendu, du reste, pour mettre en lumière la personne et les écrits de Mgr de Pressy.

ÉTUDE

SUR LA VIE ET LES OUVRAGES

de Monseigneur

FRANÇOIS-JOSEPH-GASTON

DE PARTZ DE PRESSY,

Évêque de Boulogne.

CHAPITRE PREMIER.

—

La famille de M. de Pressy. — Sa naissance, son éducation, ses humanités, ses études théologiques.

A la fin du règne glorieux de Louis XIV, dans cette généreuse province d'Artois, qui était définitivement acquise à la France, vivait Messire François-Joseph de Partz de Pressy, seigneur d'Equirres [1]. Descendant d'une famille originaire de Belgique, il était né à Arras [2] le 16 mai 1669, et tenait un

[1] Equirres est maintenant une des communes du canton d'Heuchin, arrondissement de St.-Pol. — François-Joseph de Partz ajoutait à ce titre : « Seigneur de Pressy, d'Herlin en partie, de Bergueneuse en partie, ayant plusieurs fiefs nobles à Teneur, à Lisbourg, etc. »

[2] Il fut baptisé le 13 août suivant dans l'église de Saint-Jean-en-Ronville, détruite pendant la Révolution.

rang distingué parmi les gentilshommes de la province. La noblesse d'Artois servait la France de son épée, avec le même dévouement qu'elle avait jadis montré, lorsqu'elle combattait sous la bannière espagnole ; en même temps, fidèle gardienne de ses priviléges, elle s'attachait à maintenir ses libertés provinciales, en délibérant aux Etats. François-Joseph de Partz fut plusieurs fois nommé député ordinaire, et, en cette qualité, investi de hautes fonctions administratives, puis député en cour, et chargé de représenter la noblesse dans les conseils du roi. Son aptitude à manier les affaires lui fit donner par Louis XIV plusieurs missions secrètes en pays étranger. Sa valeur avait paru sur les champs de bataille ; et, avec le régiment Wallon d'Isenghien dont il était capitaine, il avait fait plusieurs campagnes en Italie, en Espagne et dans les Pays-Bas. Aussi, « pour reconnoître les services que le chevalier de Partz et ses frères avoient rendus dans les armées, où ils s'étoient, disait-il, signalés avec distinction, » le roi érigea en marquisat la terre seigneuriale d'Equirres (1712.)

François-Joseph de Partz avait épousé, en 1702, Jeanne-Isabelle de Beaufort du Cauroy, dame d'Hersin [1], dont il eut plusieurs enfants [2]. Par une bénédiction particulière, réservée aux familles que Dieu traite avec prédilection, l'un d'eux était appelé à devenir la lumière de l'Eglise de France, et à marcher avec éclat dans les voies de la science et de la vertu : c'est celui dont nous avons entrepris d'écrire l'histoire.

[1] Fille d'Antoine-Joseph de Beaufort, chevalier seigneur de Lassus, du Cauroy, de Beaurains, etc., et d'Antoinette-Adrienne du Mont-Saint-Eloy, dame de la Boucharderie.

[2] Trois fils et plusieurs filles.

Né à Equirres, le 22 septembre 1712, François-Joseph-Gaston de Partz de Pressy, second fils du marquis, alors député en cour, fut baptisé, le lendemain 23, par Me Jean de Rond, curé de Bergueneuse [1]. Il eut pour parrain Me François Duhaultoy, ancien curé de la paroisse, et pour marraine demoiselle Philippe-Sabine de Saint-Vast, de la paroisse de Manière, au diocèse de Cambrai.

Le jeune de Pressy reçut au foyer domestique les premières impressions de la foi chrétienne. Il dut croître rapidement en sagesse et en vertu, dans cette famille qu'on a pu représenter comme « la race que le Seigneur a bénie, dont la piété étoit » le précieux héritage, et qui, plus distinguée par son amour » pour la religion que par sa naissance, mettoit sa gloire dans » la crainte du Seigneur [2]. » Le marquis de Partz était un homme d'une vertu austère et d'une solide piété ; et il semble que son fils lui fut redevable de cette mâle fermeté, qui, unie à la tendresse du cœur, faisait le fond de son caractère.

La Providence veilla d'une manière toute spéciale à la garde du petit enfant que le Ciel prédestinait à monter sur le trône épiscopal de Boulogne. On a conservé par tradition, mais sans les préciser davantage, le souvenir de « grands dangers qu'il courut pendant son enfance, et qui n'eurent pas de suites fâcheuses ; » ce qui a permis à son panégyriste de dire que

[1] Paroisse dont Equirres était alors le *secours* et dont cette commune est encore aujourd'hui *l'annexe*.

[2] *Oraison funèbre de Monseigneur François-Joseph-Gaston de* Partz de Pressy, *évêque de Boulogne, prononcée en l'Eglise cathédrale de Boulogne, le 8 février 1790, par M. l'abbé* Coquatrix, *licentié en théologie de la Maison et Société de Sorbonne, chanoine et vicaire-général de Boulogne.* Boulogne, 1790, in-4°. — pp. 3 et 24.

Dieu prit un soin particulier de « la conservation de ses jours [1]. »

En outre, « la sagesse, ajoute-t-il, le conduisit comme par la » main dans ce premier âge, où les passions ne font déjà que » trop de ravages, et elle préserva son innocence des dangers » qui environnent de toutes parts la jeunesse, » même sous l'œil vigilant et malgré la prévoyante sollicitude de l'affection maternelle.

Le futur évêque de Boulogne fit ses humanités au collége noble des Quatre-Nations, fondé par le cardinal Mazarin, à Paris [2]. Il y fut reçu en 1722, à l'âge de dix ans, et y passa huit années. « Des maîtres habiles cultivèrent les talents du » jeune de Pressy. La bonté de son caractère avoit gagné » leurs cœurs : son application à l'étude et ses succès animè-

[1] *Oraison funèbre*, p. 4.

[2] Un chroniqueur calaisien, Pigault de Lépinoy, et un P. capucin d'Arras, le R. P. Ignace, dont les volumineux manuscrits sont conservés à la Bibliothèque de Saint-Vaast, ont écrit que M. de Pressy a fait ses premières études chez les RR. PP. Jésuites d'Arras. Si cette assertion n'est pas erronée, il faut l'entendre des premières études de l'enfant, lorsqu'il n'avait pas encore quitté la maison paternelle. Le marquis de Pressy était souvent obligé de résider à Arras, à cause des exigences de sa charge comme député aux États, et plusieurs de ses enfants sont nés dans cette ville. Le 21 avril 1722, il obtint de Charles d'Hozier, généalogiste de la maison du Roi, une attestation constatant que son fils, étant noble de six générations, la sienne comprise, « il pouvait avec justice et devait être reçu et élevé dans le collége Mazarin, comme un gentilhomme d'ancienne race, » décision qui fut rendue sur un mandement particulier du duc de Mazarin, daté du 10 mars précédent. On sait que, d'après le vœu du fondateur, il y avait dans cet établissement soixante bourses, pour autant de gentilshommes de diverses provinces, entre autres de l'Artois. L'éducation qu'on y recevait était gratuite.

» rent leur zèle à former un disciple si digne de leurs soins. » Rien ne coûta au jeune élève pour y répondre; et on le vit » sacrifier plus d'une fois, au désir de s'instruire, les amuse- » ments propres à son âge et qu'il aimait alors. Aussi ses pre- » mières études découvrirent-elles en lui les germes d'un talent » rare, et de grandes dispositions pour la vertu furent-elles » comme les heureux pronostics de la perfection à laquelle il » devait arriver un jour [1]. »

Ce fut pendant le cours de ses études, à la veille du jour où il allait atteindre sa quatorzième année, le 21 septembre 1725, que le pieux étudiant reçut la tonsure cléricale et l'habit ecclésiastique, de la main de Jean-Marie Henriau, évêque de Boulogne, dans l'église abbatiale de Sainte-Marie-aux-Bois de Ruisseauville [2]. Deux ans après, il fut pourvu d'un canonicat du nombre des Quatorze, dans l'église collégiale de Saint-Pierre d'Aire, au diocèse de Saint-Omer. Il avait seize ans, lorsqu'il en prit possession, le 29 octobre 1728 [3].

Au sortir du collége des Quatre-Nations, de Pressy entra au

[1] *Oraison funèbre*. P. 4.

[2] *Registre du secrétariat de l'évêché de Boulogne*, n° 9. (Biblioth. de M. l'abbé Haffreingue).

[3] Le 1er décembre de la même année, le chapitre l'autorisa à continuer ses études, au collége Mazarin, sous l'obligation d'envoyer tous les six mois un certificat des progrès qu'il y ferait, et de bonne conduite. De Pressy ne cessa de figurer au nombre des chanoines absents, jusqu'à la résignation qu'il fit de son canonicat, au mois de septembre 1740. Toutefois, il conserva jusqu'à sa mort un bénéfice simple de la même église, connu sous le nom de chapellenie de Saint-Eutrope. (*Renseignements communiqués par M.* F. Morand, *correspondant de l'Académie d'Arras*).

Grand-Séminaire de Saint-Sulpice. « On vit alors, dit M. Co-
» quatrix, redoubler en lui l'amour du travail et le goût de la
» vertu. » A Saint-Sulpice, comme au collége, où il avait eu beaucoup de prix, « les plus brillants succès récompensèrent
» ses travaux. » On lui reconnut dès lors « un esprit droit,
» dépouillé de tout préjugé, au-dessus de toute passion, accou-
» tumé à cette justesse et à cette précision d'idées que donne
» la saine métaphysique; une mémoire heureuse, enrichie par
» la lecture; un jugement exquis, mûri par la réflexion; une
» habitude constante de peser tout, d'analyser tout, de consul-
» ter en tout la voix de la raison et de la religion. Il fût le
» premier de sa licence, quoique pendant ce temps il fût affligé
» d'un mal d'yeux qui l'empêchait de lire. Il disait à cette occa-
» sion qu'il avait plus appris en réfléchissant qu'en lisant [1]. »
Jeune encore, et obligé d'attendre l'âge fixé par les saints canons pour la réception des Ordres sacrés, de Pressy employa ses loisirs à l'étude. Ce fut pendant son séjour au séminaire qu'il prit, en Sorbonne, les degrés de docteur.

Nous n'avons pu nous renseigner sur son ordination, qui eut probablement lieu à Saint-Sulpice [2]. Tout ce que nous savons c'est que son séjour au séminaire développa d'une manière admirable les belles qualités de son caractère. « Cette gravité, cette
» pureté, cette simplicité de mœurs, qui lui étaient comme na-
» turelles, y prirent une perfection, une solidité, à l'abri de
» toute atteinte [3]. » Son amour pour la science, l'attrait d'une vie humble et retirée, quoique active, lui inspirèrent le désir

[1] *Oraison funèbre*, pp. 4 et 6.
[2] Les registres de l'Évêché de Boulogne manquent pour cette époque.
[3] *Oraison funèbre*, p. 4.

de rester dans l'enseignement et de se faire Sulpicien. Il s'en ouvrit même à son père, qui ne voulut point y apporter d'obstacles : « S'il est appelé à cet état, dit-il, j'en fais le sacrifice » au Seigneur, quand même on l'enverrait au Canada [1]. » Dieu l'appelait ailleurs. De Pressy sortit donc de Saint-Sulpice, emportant l'estime de ses maîtres, qui, trente ans après, le citaient encore comme un modèle. De son côté, jamais il n'oublia les noms de ceux qui avaient formé sa jeunesse ou guidé sa première enfance. « Les plus petites marques d'attachement furent » payées de retour ; les moindres services ne s'effacèrent jamais de son souvenir ; et il n'en parlait qu'avec cette effusion qui caractérise une âme sensible et reconnaissante.... » Son cœur, plein d'estime et d'attachement pour la pieuse » maison de Saint-Sulpice, saisit toutes les occasions de les » faire éclater ; et les sentiments qu'il conserva pour elle, en » seront toujours, dit M. Coquatrix, un éloge bien flatteur [2].»

CHAPITRE II.

M. de Pressy est nommé vicaire-général du diocèse de Boulogne. — Ses travaux ; son zèle pour la conversion des Appelants. — A la mort de Mgr d'Hervilly de Devise, il est appelé à lui succéder.

Peu après sa sortie de Saint-Sulpice, l'abbé de Pressy, dont le talent et les vertus avaient été remarqués, fut appelé à se-

[1] *Oraison funèbre*, p. 24 ; *note*.
[2] Ibid. pp. 4 et 7.

seconder Mgr Augustin-César d'Hervilly de Devise, dans l'administration du diocèse de Boulogne [1]. Il était âgé de vingt-six ans. L'histoire, qui ne s'attache qu'aux traits saillants de la vie des hommes, n'a presque point conservé de souvenirs sur cette période de la vie de M. de Pressy. Logé au Palais épiscopal [2], commensal de son évêque, il l'aidait de ses lumières et le servait de son activité. Un seul fait nous montrera avec quel zèle il veillait au salut des âmes, et comment il savait allier la fermeté et la douceur [3].

L'un des plus grands embarras que l'administration diocésaine rencontrait alors, venait des jansénistes. Nombreux dans nos contrées, à cause des malheurs que l'Église de Boulogne avait soufferts sous le régime turbulent des dernières années de Pierre de Langle, ils s'étaient vus décimés et poursuivis avec vigueur, sous l'épiscopat de Mgr Henriau. Son successeur, Mgr d'Hervilly, bien que plus tolérant à leur endroit, n'avait pas échappé à leurs persifflages et aux accusations plus que malveillantes de la gazette du parti. Çà et là, un prêtre réfractaire, fier de ses appels réitérés contre la bulle *Unigenitus*, se posait en victime de la persécution, et voulait mourir dans sa révolte,

[1] Les lettres de nomination sont du 28 décembre 1738. Quelques ours après, 5 janvier 1739, il fut créé vice-gérant de l'officialité. (*Registre aux insinuations ecclésiastiques du diocèse de Boulogne*, nº 4, dans les Archives communales de Boulogne).

L'abbé de Pressy figure plusieurs fois sur les *Registres de vêture* du monastère des Annonciades. (Archives du tribunal civil de Boulogne.)

[2] *Inventaire du mobilier de l'évêché de Boulogne, à la mort de M. d'Hervilly*. (Archives du tribunal civil).

[3] *Nouvelles ecclésiastiques*, année 1742, pp. 111, 112.

en prétendant que l'Église s'était séparée de lui. Beaucoup moururent délaissés, privés de la consolation des Sacrements, ou sous le poids des anathèmes lancés sur leur tête.

Le curé d'Etréelles, J.-F. Cordier, membre de cette petite église imaginaire qui traitait de schismatique tout le clergé de l'Église universelle, refusait, sur son lit de mort, la soumission qu'il devait à un jugement dogmatique du Vicaire de Jésus-Christ. Ne trouvant pas, dans les rares adhérents de sa secte, un confesseur qui voulût se hasarder à prendre publiquement la responsabilité de son âme, il s'était adressé à des prêtres fidèles. Ceux-ci ne pouvaient, sans mentir à leur conscience, l'autoriser dans sa révolte ni lui administrer les Sacrements, à moins d'une rétractation formelle. Tout fut employé pour l'obtenir. On en écrivit à l'Évêché, et l'abbé de Pressy, vicaire-général, se rendit à Etréelles, espérant que sa charité, son zèle, et l'influence de sa parole persuasive réussiraient à vaincre l'opiniâtreté du malheureux prêtre. Il arriva quelques heures trop tard.

Les jansénistes s'irritèrent beaucoup de la démarche que fit ce « nouveau débarqué de Saint-Sulpice et grand-vicaire de Boulogne à l'âge de 27 ou 28 ans; » prétendant qu'il n'était venu que « pour faire cesser les cloches et défendre de prier pour le défunt. » L'Église n'interdit pour personne la prière particulière, mais elle refuse le concours de sa prière solennelle et publique à ceux qui meurent hors de sa communion. Si le vicaire-général de Boulogne, dont l'attachement aux lois de l'Église et à la constitution *Unigenitus* était notoire, a voulu se rendre à Etréelles en personne, c'est que l'espoir de sauver une âme l'y conduisait. Pour le reste, il suffisait d'un ordre écrit.

L'épiscopat de Mgr d'Hervilly a laissé peu de traces dans l'histoire du diocèse de Boulogne; mais il promettait d'être glorieux, et fertile en bonnes institutions. Ce prélat, d'un commerce agréable et facile, avait à réparer les désastres du règne de ses deux prédécesseurs, à guérir le mal que le Jansénisme avait causé dans le diocèse, sous Pierre de Langle, et à tempérer la rigueur des châtiments qu'avait dû employer Mgr Henriau. La tâche de Mgr d'Hervilly paraissait d'autant plus aisée que, n'étant pas l'auteur des blessures, il pouvait offrir, ce qui était presque une médiation, l'intervention de son âme charitable. L'abbé de Pressy dut le seconder beaucoup dans cette partie de son administration. Ce fut à lui, du moins, que l'évêque députa le soin d'écrire aux doyens et aux curés du diocèse, pour recevoir leurs observations, relativement à la réforme des *statuts diocésains*. Mais la mort, qui vint frapper Mgr d'Hervilly, pendant le fatigant labeur des visites pastorales, interrompit tous ses travaux; et Dieu sembla n'avoir voulu faire de son épiscopat que la préface de celui de Mgr de Pressy.

Atteint d'un mal aussi inopiné que violent, Augustin-César d'Hervilly de Devise, mourut au château de Diéval le 11 octobre 1742, à l'âge de 55 ans et un mois. La rapidité du coup dont ce prélat fut frappé ne lui laissa pas le temps de faire un testament; mais on rapporte qu'il recommanda l'abbé de Pressy pour être son successeur. C'était le plus beau legs qu'il pût faire à son diocèse.

Pendant la vacance du siége épiscopal, l'abbé de Pressy, n'ayant point de fonctions qui le retinssent à Boulogne, se retira au sein de sa famille.

Dès le 1er mars 1742, le roi lui avait donné l'abbaye de

Clairfay, au diocèse d'Amiens [1], faveur qui semblait être le présage d'une plus haute dignité.

La feuille des bénéfices était aux mains du cardinal André-Hercule de Fleury. Dans les dernières années de sa vie, ce sage et religieux ministre donna, sur ce point, toute sa confiance à Jean Cousturier, « ecclésiastique pieux et estimable, » qui appartenait à la congrégation de St-Sulpice, dont il devint peu après le supérieur général. On s'accorde à louer les choix qui furent faits alors pour les évêchés : en d'autres temps, l'intrigue et la faveur avaient parlé souvent plus haut que le mérite.

Sans se laisser effrayer par la jeunesse du vicaire-général de Boulogne (de Pressy n'avait que trente ans), le cardinal le proposa au roi pour être le successeur de Mgr d'Hervilly [2].

Nous croyons devoir citer en entier le brevet que Louis XV envoya à l'abbé de Pressy, pour lui « accorder » l'évêché de Boulogne. Cette pièce, conservée dans les archives de sa famille, nous a été communiquée avec la plus grande obligeance par l'arrière petit-neveu de l'éminent prélat, M. le marquis Adolphe de Partz de Pressy, à qui nous sommes redevable de la plus grande partie des documents généalogiques insérés dans notre travail :

« Aujourd'hui, dix-septième du mois de décembre 1742, le roi étant » à Versailles, et bien informé des bonne vie, mœurs, piété, doctrine,

[1] Cette abbaye était vacante par le décès du dernier titulaire. De Pressy l'échangea contre celle de Ham, au diocèse de Noyon, dont il prit possession le 12 octobre 1745 et qu'il garda jusqu'à sa mort.

[2] C'était l'avant-dernière nomination qu'il devait faire. Jean-Georges le Franc de Pompignan, né en 1715 et par conséquent plus jeune encore que M. de Pressy, est le dernier évêque à la nomination duquel Hercule de Fleury ait pris part, peu de jours avant sa mort, janvier 1743.

» grande suffisance et des autres vertueuses et recommandables qualités » qui sont en la personne du sieur François-Joseph-Gaston de Partz de » Pressy, prestre vicaire général de Boulogne, Sa Majesté se promettant » qu'il emploiera avec zèle et application tous ses talents pour le service » de l'Église, luy a accordé et fait don de l'évêché de Boulogne, qui » vacque à présent par le décès du sieur d'Hervilly de Devise, conseiller » en ses conseils, dernier titulaire ; m'ayant sa Majesté commandé d'ex- » pédier toutes lettres et dépêches nécessaires en cour de Rome pour » l'obtention des bulles et provisions apostoliques dudit évêché ; et » cependant, pour assurance de sa volonté, le présent brevet qu'Elle a » signé de sa main et fait contresigner par moy, conseiller d'État et de ses » commandements et finances. Signé LOUIS, et plus bas PHELYPEAUX. »

C'était, suivant la remarque du P. Ignace, « le premier artésien nommé à l'épiscopat par les rois de France, depuis la réversion de l'Artois à la couronne. »

L'abbé de Pressy, ayant été préconisé à Rome, au mois de mars 1743, fut sacré dans la cathédrale d'Amiens, le 11 août de la même année, par Mgr Louis-François-Gabriël d'Orléans de la Motte, évêque d'Amiens. Les évêques assistants furent Antoine-René de Fontenilles, évêque de Meaux, et Jean-François de la Cropte de Bourzac, évêque de Noyon. Le 10 octobre suivant, il prêta le serment d'usage entre les mains du roi, dans la chapelle de Fontainebleau.

En même temps, Mgr de la Motte écrivait à une vénérable religieuse qu'il avait eu, depuis peu, « deux grandes consolations : » d'abord la conversion d'une noble dame d'Angleterre, puis celle « de sacrer l'évêque de Boulogne, qui, disait-il, sera un saint : il a les qualités qui font les grands évêques, il est *saint* et *savant* [1]. »

[1] *Mémoires en forme de lettres pour servir à l'histoire de la vie de feu Messire L. F. G. d'Orléans de la Motte, évêque d'Amiens.* Malines, Hanicq, 1785, T. II p. 104.

Ces paroles, par lesquelles « un pontife, célèbre par ses vertus épiscopales et surtout par son aimable piété [1], » résumait à l'avance la vie de Mgr de Pressy, nous font bien voir combien grande était l'opinion qu'on s'était formée sur son mérite. Nous pouvons croire son panégyriste lorsqu'il nous dit « qu'on applaudissait de toutes parts [2] » au choix qui avait été fait. Quant au nouveau prélat, « jeune encore, mais déjà mûr, déjà plein de » cette sagesse que l'esprit de Dieu seul peut donner, il ne fut » point ébloui par l'éclat de sa dignité; et il tremblait à la vue » du fardeau qui venait de lui être imposé. Il l'eut refusé s'il » n'eut craint de contrarier les vues de Dieu [3]. »

On pourrait se demander quelles autres recommandations que sa vertu et son mérite, ont fait élever sitôt l'abbé de Pressy à cette haute dignité. Sans doute, le roi de France avait besoin de s'attacher de plus en plus la province d'Artois, à l'aide des honneurs et des bienfaits; sans doute encore, l'évêché de Boulogne, dont la moitié appartenait à cette province, ne pouvait que gagner à se trouver sous la main d'un pasteur qui fût par sa naissance et sa famille en position d'acquérir la confiance de tous, et de contribuer à éteindre ces susceptibilités de race trop ordinaires entre les pays limitrophes, lorsqu'ils ont été soumis à des gouvernements différents. Mais, depuis la paix de Nimègue, quatre évêques avaient successivement été promus au siége de Boulogne, sans qu'on eût encore songé à ces vues politiques dans les choix qu'on avait fait. Et d'ailleurs, comme le mérite le plus éclatant n'est pas toujours le plus remarqué, parce qu'il est le

[1] *Oraison funèbre*, p. 12.
[2] *Ibidem.*
[3] *Ibidem.*

plus modeste, n'a-t-il pas fallu qu'une intervention puissante ait travaillé à mettre en lumière tout ce que le talent de l'abbé de Pressy offrait d'espérances, pour le gouvernement d'un diocèse?

Nous trouvons, dans les écrits du prélat, un éloge de l'abbé Cousturier, auprès de qui, suivant le rapport du père Ignace, il était en singulière estime. Mgr de Pressy nous apprend que la mémoire du respectable Supérieur de St-Sulpice lui était particulièrement « très-chère et précieuse. » Il en donne les motifs en des termes où l'on peut facilement entrevoir que le confident du cardinal de Fleury avait contribué à lui procurer l'honneur de l'épiscopat. Il parle des « *insignes marques de bonté* » dont Cousturier a « daigné le combler *pendant et* APRÈS son séjour au séminaire, » où il a eu « le grand bonheur de demeurer longtemps sous ses yeux et sous son sage gouvernement. » « C'est notre cœur, dit-il, qui conduit ici notre main et notre » plume pour saisir l'occasion présente de lui payer fort volon- » tiers un juste tribut de notre reconnaissance, par le souvenir » et l'éloge de ses excellentes qualités, qui lui méritèrent la » confiance d'un des plus illustres cardinaux et ministres que la » France ait vus servir utilement et glorieusement l'Église et » l'État [5]. » Ces paroles nous semblent indiquer quelque chose de plus que la reconnaissance d'un bienfait ordinaire ; et le prélat eut parlé sans doute plus clairement, s'il n'avait craint de paraître se réjouir d'avoir été élevé à l'épiscopat.

[5] *Instruction pastorale et dissertation théologique sur l'accord de la foi et de la raison dans le dogme de la création.* Œuvres, édit. 1786, T. II, p. 630. *Note.*

CHAPITRE III.

Entrée de Mgr de Pressy dans sa ville épiscopale. — Observations sur la vie du prélat. — Quels furent ses coopérateurs dans l'administration du diocèse.

François-Joseph-Gaston de Partz de Pressy fit son entrée dans sa ville épiscopale le jeudi 7 novembre 1743.

Arrivé au Pont-de-Briques la veille au soir, il s'y était arrêté chez M. le sénéchal du Boulonnais. Le 7, au matin, M. de Marcilly, chanoine grand-chantre, et Azire, chanoine-pénitencier, se rendirent au Pont-de-Briques, pour « saluer sa Grandeur au nom du Chapitre, lui offrir ses services et lui rendre ses soumissions accoutumées. » L'évêque voulut faire son entrée le jour même, sans éclat. Un témoin oculaire, le secrétaire du Chapitre, nous racontera les détails de cette cérémonie, qui fut annoncée à la ville de Boulogne par « une volée de grosses cloches. »

« Après complies, tout le clergé a été prendre des chappes » à la sacristie et est venu processionnellement recevoir » Mgr l'Évêque sous les orgues, où il s'étoit rendu en rochet » et camail, précédé de porte-crosse et mître. Là, M. Dieuset, » archidiacre, a salué mondit seigneur en ces termes : *pacificusne est ingressus tuus ?* A quoi Monseigneur a répondu : *pacificus*. Ensuite lui a fait la harangue en françois, à » laquelle il a aussi répondu. Après quoi, Monseigneur, étant » revêtu de ses habits pontificaux, s'est mis à genoux sur un » prie-dieu qui avoit été préparé. Après sa prière, M. Dieuset, » archidiacre, lui a présenté la croix à baiser. Ensuite on lui a

» présenté le formulaire de la condamnation des cinq proposi-
» tions de Cornélius Jansénius, qu'il a signé à genoux aussi bien
» que le serment (de ne rien entreprendre contre les droits et
» priviléges du Chapitre); et ayant posé la main sur les saints
» Évangiles, il a prononcé d'une voix intelligible : *sic me Deus*
» *adjuvet et hæc sancta Dei Evangelia.* Après quoy,
» M. l'Archidiacre a présenté l'aspersoir à Monseigneur, avec
» lequel il a pris de l'eau bénite et en a jetté à ceux qui étoient
» autour de lui. Enfin il lui a présenté l'encens à bénir, et l'a
» encensé trois fois. Cela fait ainsi, dessous les orgues, M. le
» chantre en dignité, tenant son bâton, accompagné du sous-
» chantre, lui a annoncé le *Te Deum*, que Monseigneur a en-
» tonné, et l'orgue a commencé à jouer, jusqu'à ce que l'on eût
» été entré processionnellement dans le chœur, où Monseigneur
» s'est mis à genoux sur un prie-dieu qui étoit du côté de
» l'Évangile, M. l'Archidiacre du côté de l'Épître, aussi à genoux,
» et tout le clergé autour *in modum coronæ;* s'étant ensuite
» relevé, la musique a continué et achevé le *Te Deum;* lequel
» étant fini, M. l'Archidiacre, étant au pied de l'autel, du côté
» de l'Épître, tourné vers Monseigneur, a chanté le verset et
» l'oraison marqués dans le Pontifical. Ensuite les musiciens ont
» chanté un motet en l'honneur de saint Maxime, patron de cette
» Église, pendant lequel Mgr l'Évêque a baisé le milieu de
» l'autel, à lui désigné par M. l'archidiacre. Ledit motet fini,
» M. le chantre a dit le verset *ora pro nobis*, *Beate pater*
» *Maxime;* et Monseigneur, étant monté dans sa chaise épis-
» copale, conduit par M. l'Archidiacre, y a dit l'oraison du
» patron. Ensuite il a donné la bénédiction au peuple, et
» M. Dieuset, archidiacre, a annoncé les indulgences de qua-
» rante jours; après quoy tous en chappes l'ont conduit dans la

» sacristie, marchant devant lui, chacun dans son rang. Là, on » l'a dévêtu de ses habits pontificaux, tous ceux du chœur ont » quitté leurs chappes, et Monseigneur en rochet et camail, ceux » du chœur, en habits d'église, l'ont conduit dans son palais » épiscopal. Les grosses cloches ont sonné durant toute cette » cérémonie, dans le temps qu'elles le pouvoient sans interrup- » tion [1]. »

Le 3 décembre suivant, l'évêque de Boulogne chanta le service solennel de son prédécesseur, cérémonie que le Chapitre lui permit d'accomplir, « à la place du semainier extraordinaire, » et sans que cela pût « tirer à conséquence pour l'avenir. »

On ne saurait attendre de nous le récit de mille petits incidents journaliers, sans importance et sans liaison, qu'il serait facile de recueillir, dans les documents manuscrits que renferment les archives du Chapitre et celles de l'Évêché. Peu nous importe de savoir qu'il ait béni, dans sa Cathédrale, en telle année, l'abbé de telle abbaye, qu'il ait donné son *visa* aux provisions de tel bénéfice, prononcé un jugement de nécessité de vicaire dans telle paroisse. Ces faits appartiennent aux régions inférieures de l'histoire; le personnage que nous étudions s'élève plus haut: il faut nous élever avec lui. Mgr de Pressy fut en effet un homme d'étude et un évêque éminent: sa vie est toute dans ses œuvres et dans ses institutions.

On vient de publier, sur les premières années de la vie de Bossuet, un travail très-étendu et d'un intérêt incontestable. L'auteur, M. Floquet, y adopte cette opinion de d'Aguesseau que, *dans la vie des grands hommes, rien n'est indifférent*. Nous

[1] *Registre Capitulaire*, coté D, nos 2, 3. (*Archives communales de Boulogne*.)

croyons qu'il faut ajouter : *pourvu que les faits se passent sur un théâtre digne de leur génie;* autrement, quel que soit l'éclat dont ils puissent briller, ils ne sauraient grandir ce qui les entoure.

Laissant donc aux chroniqueurs particuliers des abbayes, des prieurés et des paroisses le soin de rassembler les détails minimes, qui n'intéressent que la localité, nous avons voulu nous placer sur un terrain plus vaste, et ne montrer de Mgr de Pressy que ce qui mérite l'attention de tous. A ce point de vue, l'horizon s'agrandit, et le monument, que l'Académie d'Arras se propose de faire élever à la mémoire du grand Évêque de Boulogne, y gagnera peut-être en proportions.

Nous aurions pu, dans le cours de ce récit, payer un juste tribut d'éloges à tous ces hommes, vénérables par leur éminente vertu, autant que distingués par leur science, que la réputation de l'Évêque de Boulogne rassembla autour de lui, pour être l'ornement de son diocèse, l'honneur de son siége, la couronne et l'appui de sa vieillesse. Qu'il nous suffise d'indiquer brièvement quels furent les prêtres qu'il honora de la charge de grand-vicaire.

Au commencement de son épiscopat, son choix porta sur deux chanoines de sa Cathédrale, Henri Azire, docteur en théologie de la Faculté de Paris, grand-pénitencier, mort en 1751, et Charles Regnault, chanoine-trésorier et théologal. Bientôt il alla chercher au séminaire de Saint-Sulpice un jeune licencié en théologie, originaire du diocèse de Toulouse, qui terminait ses études et obtint peu après le bonnet de docteur. C'était Jean-Baptiste-Olivier-Placide de Méric de Montgazin, qui prit possession de son canonicat le 1er août 1748, et fut nommé vicaire-général du diocèse le 7 du même mois. M. de

Montgazin fut le bras droit de l'évêque de Boulogne, et porta la plus grande partie du fardeau de l'administration. Comme son évêque, il employait, au service des pauvres et à des œuvres de piété ou de charité, tous ses revenus patrimoniaux, joints à ceux de plusieurs bénéfices ecclésiastiques, notamment de l'abbaye de Celle-Frouin, au diocèse d'Angoulême, dont il était pourvu en commende.

Le 9 avril 1761, lorsque Charles Regnault cessa de pouvoir être grand-vicaire, l'évêque le remplaça par Nicolas-François Watteblé, prêtre du diocèse d'Amiens, docteur en théologie de la Faculté de Paris et chanoine-pénitencier de la Cathédrale de Boulogne. Le lendemain, 10 avril, semblables pouvoirs furent donnés à Charles-Louis-Joseph de Gargan, chanoine, licencié en théologie, originaire du diocèse d'Amiens comme le précédent, et fixé à Boulogne depuis trois ans. M. de Gargan devint dans la suite doyen du Chapitre, et occupa cette dignité jusqu'à la Révolution-Française. Plus tard, un autre chanoine, Pierre-Antoine Voullonne, fut appelé à partager aussi les pouvoirs de son évêque. Enfin, le 1er septembre 1788, Jean-Baptiste-Onésime Giblot du Bréau, et Pierre Coquatrix, le premier, docteur en droit civil et canonique, le second, licencié en théologie de la Faculté de Paris, tous deux chanoines de la Cathédrale de Boulogne, reçurent à leur tour des lettres de vicaire-général. M. de Montgazin est le seul qui jouit sans interruption de l'honorable confiance de Mgr de Pressy, ou du moins le seul à qui l'âge et la santé permirent de lui prêter son aide jusqu'au dernier jour.

CHAPITRE IV.

Publication de nouveaux Statuts synodaux en 1746. — Dessein de cet ouvrage, examen et comparaison. — Jugement littéraire.

Placé à la tête du troupeau, Mgr de Pressy appliqua tous ses soins à en être le pasteur et le père, en même temps que le guide et le modèle. Sa première œuvre fut la réalisation d'une pensée de son prédécesseur, la publication de nouveaux *Statuts diocésains*.

Depuis la création de l'évêché de Boulogne, cinq prélats (Bouthillier en 1630, Perrochel en 1654, Ladvocat en 1678 et 1679, Le Tonnelier en 1686, de Langle en 1701 et 1704), avaient successivement renouvelé et modifié, plus ou moins considérablement, suivant les besoins des circonstances, ces règlements et ces instructions, qui ont pour but d'éclairer et de guider les pasteurs des âmes dans l'exercice de leur saint ministère.

Les statuts qui étaient en vigueur dans le diocèse lorsque Mgr de Pressy fut élevé sur le trône épiscopal, étaient ceux que Pierre de Langle avait dressés dans les premières années de son administration. Ce prélat, homme d'une volonté énergique et persévérante, d'une piété austère, mais d'un caractère peu conciliant, avait trouvé beaucoup d'abus dans son clergé; et, pour les réformer, il avait serré fortement dans sa main ferme et vigoureuse les rênes de la discipline. On avait, dès le premier jour, dans le synode général du mois de mai 1700, manifesté une certaine opposition, qui en retarda la publication définitive jusqu'à l'année suivante. Le joug paraissait dur à porter : soit que le pontife eût frappé juste sur la source du mal, soit qu'il eût gardé peu de ces ménagements que la prudence ordonne parfois de prendre, afin de mieux atteindre le but qu'on se propose.

Il serait hors de propos de faire ici l'analyse de ce document qui n'intéresse point par lui-même la vie du prélat dont nous avons entrepris l'histoire ; mais nous avons dû insister sur le caractère général des statuts de Pierre de Langle, pour faire mieux comprendre la nécessité d'une réforme et le besoin qu'on éprouvait de modifier son œuvre.

Mgr d'Hervilly, voyant l'édition des statuts épuisée, avait résolu de les faire réimprimer; « mais, dans le doute s'il » ne conviendroit pas d'y changer certains articles, sur lesquels » on lui avoit fait des représentations, sa prudence et l'estime » qu'il avoit pour son clergé, l'engagèrent à consulter, non » seulement les personnes qu'il honoroit d'une confiance parti- » ticulière, mais encore tous les doïens de chrétienté. » L'abbé de Pressy, alors vicaire général, leur écrivit, par son ordre, de lui « envoier leurs observations avec celles des curés de leur district. » Ce sont ces observations qui, « mûrement examinées et pesées toutes au poids du sanctuaire, » ont donné lieu aux changements et aux modifications que, devenu évêque, il a introduits dans les statuts de Pierre de Langle, « conformément au plan » que lui avait laissé « son illustre prédécesseur. » » Pénétrés de vénération, dit-il, pour sa mémoire qui doit vous » être, comme à Nous, infiniment chère et précieuse, Nous avons » cru ne pouvoir mieux faire que de suivre ses intentions et » d'adopter l'ouvrage qu'il avoit commencé. »

Le dessein du pieux prélat n'a donc pas été de donner de nouveaux statuts. Il ne trouvait rien, « dans les règlements faits par M. de Langle, » qui fût « contraire aux lois de l'Eglise, aux » ordonnances de nos Rois et à l'usage de plusieurs diocèses du » Roïaume. Cependant, pour imiter la charitable condescendance » de saint Paul, qui *se faisoit foible avec les foibles, dans* » *la vuë de gagner les foibles,* » il a « modéré la rigueur des » articles dont la pluspart des doïens et des curés ont demandé » quelqu'adoucissement. » Par le même principe, il a « diminué » le nombre des suspenses et des excommunications; d'autant » plus, ajoute-t-il, que, selon le Saint-Concile de Trente, on ne » doit user que sobrement de ces censures, qui, emploïées à » propos, sont à la vérité les soutiens et les nerfs de la disci- » pline ecclésiastique, mais qui, trop multipliées, en affoiblissent » la vigueur et en occasionnent le mépris. »

« Renouveler les anciens statuts, » afin d'en rendre « l'observation plus exacte en la rendant plus facile, » telle a été la pensée de Mgr d'Hervilly, exécutée avec d'heureux résultats par son successeur.

En collationnant les nouveaux statuts avec les anciens, nous pouvons reconnaître l'exactitude des détails que nous venons de donner sur l'esprit qui a présidé à la nouvelle rédaction. Sur un chiffre de 140 articles, compris dans les règlements de 1701 et dans les additions qui y furent faites, en 1704, pour les compléter, Mgr de Pressy en a reproduit mot à mot près de la moitié, sans y faire aucun autre changement que des retouches de style, très-légères et très-peu nombreuses. L'autre moitié a été l'objet de modifications, en général peu considérables, et qui portent plutôt sur la manière dont le précepte est énoncé, que sur le précepte même. Il y a fort peu de suppressions proprement dites, mais, en revanche, beaucoup d'additions, puisque les nouveaux statuts atteignent le chiffre de 184 articles. On peut dire cependant que les trois quarts des anciens statuts y restent en entier.

Parmi les adoucissements introduits par Mgr de Pressy dans la législation diocésaine, nous ferons remarquer la tolérance, accordée aux curés, « qui boivent et mangent dans le cabaret, » lorsqu'ils sont priés, de bonne foy et sans fraude, par le » maître du cabaret, d'y manger et boire gratuitement, d'au- » tant plus que pour lors il ne les reçoit pas comme cabare- » tier, mais comme paroissien ou comme ami » (tit. II. 3) ; la suppression totale d'un article contre l'usage du tabac en poudre (stat. de 1701, tit. II. 5) ; l'âge de quarante ans, fixé comme condition rigoureuse, pour que les femmes puissent entrer au service d'un prêtre, au lieu de celui de quarante-cinq, qui était exigé par les statuts précédents, (tit. II. 8) ; la suppression d'un article (stat. de 1701, tit. III. 13) par lequel il était défendu aux curés de prêcher hors de leur paroisse, sans qu'une vraie nécessité les y appelât ; la modification de l'art. 14 des mêmes statuts, qui tendait à entraver le ministère de prédication auquel les religieux, appartenant à des ordres approuvés par l'Église, se livraient, en vertu de leurs vœux et des lois de leur Institut.

Dans cet article, comme dans plusieurs autres, concernant l'administration du Sacrement de pénitence et les cas réservés Pierre de Langle, entraîné par son zèle pour ce qu'on affectait d'appeler « l'ancienne discipline, » avait cherché à discréditer et à paralyser l'action des ordres religieux. Quand au pieux de Pressy, il fait un statut spécial en leur faveur. « Les curés, » dit-il, les recevront avec charité ; et, loin de leur refuser

» leur consentement pour prêcher dans leur Église, ils leur » sçauront bon gré des services qu'ils veulent bien rendre dans » leur paroisse. Ils instruiront aussi leur peuple que, les quêtes » des religieux étant la rétribution de leur travail, il est juste » qu'après avoir reçu d'eux la nourriture spirituelle de la parole » divine, ils contribuent à leur nourriture corporelle par quel- » qu'aumône charitable (tit. V. 20). »

Il y eut aussi dans les nouveaux statuts quelques adoucissements, ménagés en faveur des fidèles, relativement au pouvoir de choisir leurs confesseurs parmi tous les prêtres approuvés dans le diocèse ; à certains cas de refus de sépulture, et à la rigueur avec laquelle on traitait ceux qui négligeaient leurs devoirs de religion. Nous n'entendons point blâmer les règlements précédents, émanés d'autorités respectables, à une époque où les mœurs publiques permettaient une discipline plus sévère ; mais nous tenons à montrer comment l'évêque a mis en application sa maxime favorite de se faire, comme il le répète si souvent, *faible avec les faibles, en vue de gagner les faibles à Jésus-Christ.*

Les anciens statuts recommandaient aux prêtres, pour leur instruction et leur usage personnel, d'avoir « la *Sainte-Bible*, le *Catéchisme du Concile de Trente*, un *Théologien moral*, tel que la *Somme de Tolet* et la *Théologie de Grenoble*, la *Théologie de Sylvius* et les *Conférences de Luçon*, » avec quelques livres de piété, comme « l'*Imitation de Jésus-Christ*, les *Méditations* de Busée, celles de Beuvelet et son *Manuel* (tit. II. 1). » Pour suppléer à la prédication, les prêtres pouvaient faire quelques lectures dans « le *Catéchisme* de Grenade, la *Couronne de l'Année Chrétienne* d'Abelly, les *Instructions* de Godeau, ou autres (tit. IV. 9). » Mgr de Pressy ne désigne pas de théologie particulière ; mais il ajoute aux livres de piété le *Pastoral* de saint Grégoire, celui de saint Charles-Borromée, le *Forma Cleri*, et les *Examens ecclésiastiques* de Tronson, les *Œuvres spirituelles* de saint François de Sales, de Louis de Grenade et de Rodriguez ; et, pour la prédication, il supprime Godeau, auteur suspect de Jansénisme, et le remplace par les *Prônes* de Joli.

Nous pourrions citer encore quelques mots, insérés çà et là dans le texte d'un article, pour éclaircir un point douteux, ajouter une pensée pieuse, faciliter les moyens d'obtenir une dispense nécessaire. En général, il y a plus de ménagement dans la manière d'énoncer l'obligation; moins de rigueur, de sévérité, je dirai presque de fierté hautaine dans les menaces de peines à encourir; enfin un ton beaucoup plus persuasif, plus paternel, moins impératif et moins dominateur.

A l'aide d'additions habilement introduites dans le texte, et qui toutes ont pour but de guider le prêtre dans l'exercice de son ministère et de lui enseigner la manière de faire le bien dans sa paroisse, Mgr de Pressy a répandu dans l'ensemble des statuts, un parfum de piété, d'onction, de suavité, qui fait qu'à première vue ils paraissent totalement différents de leurs devanciers. Aussi, malgré l'avertissement donné par l'instruction pastorale qui les accompagne, est-il peu de lecteurs qui sachent en quelle proportion les statuts précédents y sont entrés.

Ces additions s'élèvent à peu près à une soixantaine d'articles. Les onze qui composent le titre IV, règlent les devoirs des doyens de chrétienté, mal définis jusqu'alors; organisent, dans l'intérêt des mœurs et de la discipline, la surveillance que ces dignitaires sont appelés à exercer sur tous les curés de leur district, et les pouvoirs spéciaux qui leur sont confiés comme délégués du premier pasteur.

Les autres ont trait aux devoirs de piété et de bon exemple que les pasteurs doivent à leurs ouailles : le désintéressement dans l'exercice de leurs saintes fonctions; la charité envers les pauvres et le bon usage des revenus ecclésiastiques ; le soin de conserver, parmi les prêtres et les fidèles, l'union, la concorde et la paix ; enfin, la pratique de toutes les vertus chrétiennes et ecclésiastiques (tit. II, 12, 13, 16 et 17). Les curés sont exhortés à faire tous les six mois la visite générale de leur paroisse, et surtout à instruire, par la prédication et les catéchismes, les peuples qui leur sont confiés. « Ils auront grand » soin d'annoncer la parole de Dieu, avec cette noble simplicité » qui lui convient, sans se servir d'un stile trop orné, et où » l'on remarque une certaine parure qui n'a pour but que l'éclat » et l'ostentation ; ni d'expressions basses et rampantes qui ex- » posent cette divine parole au mépris des hommes. Ils pren- » dront bien garde aussi de ne pas insérer dans leurs prédica- » tions des opinions hasardées, ou contraires à la saine » doctrine, ni des histoires incertaines ou apocryphes, ni des » contes puérils plus propres à divertir les auditeurs qu'à les » édifier. » (tit. V. 14). Ils ne feront point le catéchisme en forme de discours continu, mais par des demandes successives dont ils diront la réponse aux enfants; ils tâcheront, par des explications courtes et intelligibles, de leur en faire comprendre le sens (tit. V. 16).

On peut remarquer aussi l'établissement de la prière du matin et du soir, le dimanche, avant la messe et après les vêpres (tit. V. 21); et surtout la législation qui règlemente les maîtres d'écoles et clercs des paroisses, de manière à en faire les véritables coopérateurs du clergé, pour l'éducation religieuse des populations. L'évêque était alors le régulateur de l'instruction publique, dans son diocèse, et le seul qui eût la mission de veiller à l'organisation du personnel, au choix des livres et des méthodes, enfin à tout ce qui concernait les importantes fonctions de l'enseignement populaire. Mgr de Pressy avait bien compris que « le principal moïen de faire refleurir la piété chrétienne parmi les fidèles, » c'était « d'avoir grand soin que la jeunesse fut bien instruite. » Aussi, sous sa plume vigilante et sage, les sept articles du titre V des statuts de Pierre de Langle sont augmentés de dix-huit nouvelles dispositions, concernant la vie et les mœurs des clercs de paroisse, leurs offices comme auxiliaires du prêtre à l'église, et leurs devoirs envers la jeunesse qu'ils ont à instruire.

Il y avait peu d'additions à faire dans le dispositif des anciens statuts, pour ce qui regarde l'administration des Sacrements de Baptême et d'Eucharistie, de Mariage et d'Extrême-Onction; car les saintes règles de la Liturgie romaine, depuis longtemps en vigueur dans le diocèse, y étaient observées avec assez d'exactitude.

Pour la Sainte-Eucharistie, les idées jansénistes, répandues dans le pays, exigeaient nécessairement un correctif. De Langle, qui n'avait pas, il est vrai, professé, au commencement de son épiscopat, les principes erronés qui le rendirent si tristement célèbre pendant les dix dernières années de sa vie, était cependant porté par inclination à une rigide sévérité. Le premier article de ses statuts à ce sujet ne parle de l'Eucharistie que comme d'un mystère auguste et saint, « dont il est le plus ordinaire de faire un mauvais usage ; » il exhorte les pasteurs à apprendre aux fidèles « combien il est terrible de le recevoir indignement, » et à leur rappeler « l'obligation qu'ils ont de s'en approcher au moins une fois l'an, à Pâques ; » rien de plus.

Mgr de Pressy parle d'une manière plus conforme au langage des saints ; et, sans omettre les terribles vérités que son prédécesseur recommandait de prêcher, il représente ce divin sacrement comme le plus sanctifiant, en même temps que le plus auguste. « Comme le plus auguste, dit-il, c'est celui dont » les pasteurs doivent empêcher davantage la profanation ; » comme le plus sanctifiant, c'est celui dont ils doivent procurer » avec plus de soin la digne fréquentation. » Il exprime le désir que les fidèles soient excités « à se mettre en état d'en approcher » souvent, au moins toutes les principales fêtes de l'année, » parce que c'est laisser son âme dans la langueur et dans la » faim que d'attendre une année pour manger le pain de chaque » jour. »

Terminons par une dernière citation, relative à des abus qui ne sont peut-être pas totalement extirpés.

« La différence que Nous avons remarquée dans nos visites » entre les églises des curés négligens, et celles dont les » pasteurs sont zélés pour la gloire de la maison de Dieu, nous » oblige de recommander à tous, non pas d'avoir de riches » ornemens, ce que la pauvreté de plusieurs fabriques ne per- » met pas, mais d'y faire voir beaucoup de propreté, d'arran- » gement et de décence ; en ôter ces ornemens profanes ou » puérils de rubans de toutes couleurs, d'images de papier, » grossièrement enluminées; les statues, ou mutilées ou contre- » faites, qui diminuent la dévotion, bien loin de l'exciter ; ces » autels mêmes, qui, n'étant ni garnis de pierre bénite, ni » fermés d'une balustrade, ni d'une grandeur suffisante pour » y dire décemment la sainte messe, ne servent qu'à embarrasser

» la nef, à rétrécir l'entrée du chœur, à boucher la vuė du » sanctuaire, et à tenir lieu de table pour y appuïer les grandes » personnes, ou pour y asseoir les enfans (tit. XIII. 7). »

Cette revue semblera peut-être un peu longue, surtout pour le lecteur peu familier avec les matières théologiques; mais, quand on écrit la vie d'un évêque, comment montrer le caractère de son gouvernement et sa manière d'exercer l'autorité, si ce n'est en étudiant sa législation? Ensuite, ces statuts ne lui appartenant pas exclusivement, il nous a fallu faire la part de ses prédécesseurs, et déterminer par comparaison quelle est la valeur de ce qui lui revient en propre : tâche plus longue et plus difficile que l'appréciation d'une œuvre originale.

Les nouveaux statuts furent publiés dans le synode, assemblé à Boulogne, le 7 octobre 1744 et homologués au parlement de Paris, par arrêt du 4 août 1745, afin d'en assurer les effets civils, quant aux dispositions relatives « au régime et administration des églises et paroisses, des personnes qui les desservent et des biens destinés à ce et au secours des pauvres [1]. »

L'ouvrage ne fut imprimé qu'en 1746, accompagné d'une instruction pastorale, datée du 16 mars, dans laquelle le pontife exhorte ses prêtres à exécuter les statuts et à remplir dignement les devoirs de leur état et les fonctions de leur ministère. Il y trace un tableau saisissant des obligations des ecclésiastiques, et leur donne des conseils qui sont un commentaire éloquent des dispositions contenues dans les statuts. On y remarque une connaissance approfondie de la Sainte-Écriture, surtout du Nouveau-Testament, de fréquentes citations des

[1] Arrest de la cour du Parlement, imprimé à Paris, chez Cl. Girard, 1751.

SS. Pères et des Conciles, qui coulent abondamment de sa plume, toujours habilement fondues dans le texte, et qui témoignent de nombreuses lectures. Quant au style, Mgr de Pressy avait le talent nécessaire pour être un grand écrivain : son goût est généralement pur, son imagination n'est pas sans richesse, la phrase est ample et le tour oratoire plein de mouvement; mais ces qualités sont accompagnées de beaucoup de défauts. On rencontre çà et là des négligences, des mots impropres et des locutions trop familières, des périodes souvent traînantes ou démesurément allongées. Il en résulte une certaine monotonie d'autant plus fatigante que le trait manque, non moins que la variété. Où faut-il chercher le motif qui paralysa, sous ce rapport, le développement de son génie et l'empêcha de s'élever plus haut? Les conseils lui manquèrent-ils? L'isolement dans lequel il vécut toujours, loin de la Cour et de la Capitale, en fut-il la cause? Nous ne saurions résoudre cette question. Peut-être le pieux prélat dédaigna-t-il, comme futile et mondaine, cette occupation pénible de polir son style et de chercher à atteindre le mérite supérieur de la forme.

Quoi qu'il en soit, il se montre, dans cette première instruction pastorale, tel qu'il fut dans la suite; c'est pourquoi nous avons voulu, au début de ce travail, faire connaître à nos lecteurs notre jugement sur le style de l'auteur dont nous étudions l'histoire.

CHAPITRE V.

Mgr de Pressy établit les retraites ecclésiastiques, dans son diocèse, en 1749. — Il publie un nouveau Rituel en 1750. — Examen de ce dernier ouvrage.

Dans la persuasion où il était que « rien n'excite plus les fidèles à la piété et ne les porte davantage au culte de Dieu, que le bon exemple de ses ministres, » Mgr de Pressy fit tous ses efforts pour maintenir dans son clergé l'esprit sacerdotal, qu'il avait cherché à lui donner par ses statuts. Afin d'y parvenir d'une manière plus assurée, il résolut d'appeler, de temps en temps, tous ses prêtres, dans sa ville épiscopale, et de leur fournir ainsi l'occasion de méditer ensemble sur les devoirs et les obligations du saint ministère

On trouve dans les œuvres du prélat un mandement sans date, que nous croyons avoir été distribué pour la première fois [1] en 1749, et qui servit au même objet pendant les années suivantes, jusqu'à la mort de son auteur. Quelques citations pourront suffire à faire connaître la manière dont Mgr de Pressy avait organisé cette utile institution. Chaque année il convoquait une partie de ses chers coopérateurs dans son Grand-Séminaire, les invitant, « avec la tendresse de la plus pressante charité, à venir » s'y consacrer à la retraite et au recueillement, » pendant cinq ou six jours, afin d'en sortir ranimés, renouvelés, et, suivant son

[1] C'est la date que Mgr Asseline donne pour l'établissement des retraites ecclésiastiques, lorsqu'il parle de cette institution, dans son mandement de prise de possession. (Paris, 25 janvier 1790, in-4°, p. 9, note 16.)

expression, « transformés en d'autres hommes, vides de toute » affection mondaine, remplis de l'esprit de Dieu et tout brû- » lans de zèle pour son service [1]. » Lui-même y assistait, donnant à tous l'exemple, et se conduisant envers eux « avec » une grande réserve et avec une sorte de respect. Quelle » attention, dit M. Coquatrix, à ménager leur sensibilité ! S'il » falloit avertir, il le faisoit avec toutes les précautions de la » charité; s'il falloit reprendre, ses paroles ne portoient point » l'amertune dans le cœur; la fermeté et la force étoient tou- » jours tempérées par la douceur et la modération; s'il falloit » sévir, ah ! le cœur d'un père se montroit encore. Les exhor- » ter avec une tendresse paternelle à veiller sur eux-mêmes et » sur le troupeau qui leur étoit confié, les encourager à vivre » dans l'esprit de prière et de méditation, les animer à prati- » quer la vertu et à avancer dans les voies de la perfection, » voilà quels étoient, au milieu d'eux, les soins paternels de son » zèle et de sa charité [2]. »

« Ses soins, » comme le dit son successeur, en rendant un public hommage à cette institution, « ses soins n'ont pas été » sans fruit. Qu'il nous paroit glorieux, ajoute-t-il, quand nous » nous le représentons environné du clergé respectable qu'il » avoit si bien formé [3]. »

Mgr de Pressy attachait la plus grande importance à ces pieuses réunions. Une de ses dernières paroles a été : « Dites à mon

[1] De Pressy, *Mandement sur les Retraites*, p. 4.

[2] *Oraison funèbre*, pp. 19 et 20.

[3] Asseline, *Mandement* cité, p. 9.

» successeur que je lui recommande particulièrement de main-
» tenir les retraites ecclésiastiques [1]. »

Toujours généreux et délicat, le vénérable pontife s'engageait à payer « la dépense de ces retraites, pour les vicaires et les » curés qui, alléguant la modicité de leur bénéfice, n'auroient » pas la volonté ou le pouvoir de faire eux-mêmes cette » dépense; » et, dans les dernières années de sa vie, il nous apprend que « la Providence a suscité une personne qui, touchée » de l'utilité de cet établissement, et, souhaitant qu'il fût fixe » et permanent, a pris des mesures pour le faire continuer » gratuitement à perpétuité. « Elle fournit dès à-présent, dit-il, » à toute la dépense de ces retraites, et, afin de ne pas perdre » devant Dieu le mérite d'une si bonne œuvre, elle cache à sa » main gauche ce que fait sa droite. » Y a-t-il témérité à soupçonner le prélat lui-même d'avoir fait cette bonne œuvre, surtout quand nous entendons Mgr Asseline s'écrier à ce sujet : « Avec quelle libéralité n'a-t-il pas pourvu à les perpétuer dans » le diocèse [2] ! »

Les retraites dont nous parlons n'étaient pas seulement dans l'intérêt de la piété. On y faisait subir des examens, sur des traités de dogme et de morale assignés d'avance, aux vicaires, dont il voulait apprécier le mérite et les capacités, avant de leur donner des cures.

Pour veiller avec plus de soin à ce que l'exercice du saint ministère fût pratiqué par ses prêtres avec toute l'attention, la

[1] *Le même*, dans le *Mandement* du 15 mai 1790, *sur la Retraite ecclésiastique*, p. 10.

[2] *Ibidem.*

décence et l'ordre qui conviennent aux rites sacrés, Mgr de Pressy publia une nouvelle édition du Rituel de Boulogne, en 1750. Ce travail était d'autant plus nécessaire que, depuis 1647, le Rituel du diocèse n'avait pas été réimprimé. Laissons-le nous apprendre lui-même le but et l'esprit de son œuvre.

« Si Nous n'avons pas, dit-il, mis cet ouvrage au point de perfection qui seroit à désirer, Nous avons du moins travaillé à y rassembler *tout ce qu'il y a de meilleur dans les Rituels qui ont paru jusqu'ici les plus estimés.* Ennemis de toute dangereuse innovation, et attentifs, suivant le conseil du sage, à ne point changer les bornes posées par nos pères » (ces paroles sont remarquables et prouvent combien notre digne prélat était loin d'approuver la fièvre des réformes liturgiques à laquelle l'Église de France était alors en proie), « Nous avons conservé l'ordre des prières et des cérémonies marquées dans l'ancien Rituel du diocèse, » vénérables débris de l'ancienne liturgie des Morins. « Nous y avons seulement ajouté, en françois, à l'exemple de plusieurs illustres prélats du Roïaume, des instructions préliminaires, dont chacune contient sur le point qui y est traité une exposition précise du dogme, de la morale et de la discipline, avec des maximes sûres, des principes certains et des éclaircissemens propres à prévenir les doutes et à lever les difficultés qui se rencontrent d'ordinaire dans l'administration des Sacremens [1]. »

Ce travail, disposé avec beaucoup d'ordre, écrit dans un style simple et généralement concis, est un résumé de la doc-

[1] *Mandement* publié en tête du Rituel, édition de 1750.

trine de l'Eglise, sur tous les points de dogme et de morale, qui touchent aux rites de ces saintes fonctions.

Pour ce qui est des sacrements de Pénitence et d'Eucharistie, le prélat y adopte la doctrine de saint Charles-Borromée, peut-être un peu sévèrement et strictement entendue, mais bien éloignée de la rigueur de plusieurs théologiens français. Ces règles, dit-il, « vous mettront en garde contre deux écueils » également opposés, mais également périlleux, où plusieurs font » naufrage, les uns en se laissant aller aux saillies indiscrètes » d'un zèle outré, trop rigide et dont la dureté inflexible achève » *de briser le roseau déjà cassé et d'éteindre la lampe qui* » *fume encore ;* les autres, en suivant la molle condescen- » dance d'une doctrine relâchée, d'une conduite trop douce, » qui altère la loi et blesse les intérêts de Dieu, pour contenter » la délicatesse des hommes. »

Nourri des œuvres de saint François-de-Sales et de Louis de Grenade, il leur emprunte beaucoup de détails sur la Communion. Il rappelle, pour les flétrir de nouveau, les propositions condamnées par plusieurs Souverains Pontifes, à l'occasion des ouvrages d'Arnauld et de l'abbé de St-Cyran, maximes pernicieuses, qui ruinent la piété, et « rendent la fréquente Communion impraticable à la plupart des justes. »

N'est-ce pas là le véritable esprit de l'Évangile ? Que seraient devenues la foi et les mœurs entre les mains des disciples de Jansénius et du triste Quesnel ?

Ecoutons encore Mgr de Pressy nous parler de ces hommes, qui prescrivent « des voies inaccessibles à la faiblesse humaine, » en ajoutant, au joug que Dieu impose, une rigueur extrême » qu'il n'y a pas mise, et dont les effets sont très-funestes. » — « Qui ne s'aperçoit qu'en faisant paroître la pénitence im-

» praticable, la vertu trop pesante, la piété contraire à un culte » raisonnable, et l'Évangile comme défendant ce qui est per- » mis, elle désespère les pécheurs, décourage les justes, donne » aux impies occasion de blasphémer, de traiter d'insensée la » foi chrétienne, et aux fidèles de se former de fausses » consciences, qui, lorsqu'ils ne s'y conforment pas, leur font » commettre de véritables crimes, et lorsqu'ils les suivent, à » force de vouloir être trop justes et plus sages qu'il n'est né- » cessaire, les conduisent à la stupidité, à la folie ? » Qu'on se rappelle les convulsionnaires, le diacre Pâris, et le cimetière de St-Médard !

Par son caractère doux et bienveillant, l'évêque de Boulogne était fort éloigné de ressembler à ces esprits chagrins et d'une austérité implacable, qui prétendaient avoir le pur Évangile : imperceptible minorité qui anathématisait la grande Église catholique. Animé du véritable esprit de la piété chrétienne, c'était sur les hommes de douceur, sur ceux qui avaient recherché la mansuétude et la paix, que Mgr de Pressy voulait prendre modèle. Aussi voyons-nous toujours paraître ces sentiments dans les exhortations et les instructions que le Rituel offrait en abondance pour l'administration des sacrements, et les annonces du prône.

C'est le caractère distinctif et permanent de tout ce qu'il a écrit sur les matières purement ecclésiastiques.

Soit qu'il résume les principes théologiques de saint Charles, sur le sacrement de Pénitence (*casus reservati, et monita circa administrationem sacramenti pœnitentiæ*, 1767) ; soit qu'il rappelle à ses prêtres l'observation de statuts (1764), l'obligation d'instruire (1766), ou les règles à suivre pour annoncer la « divine parole » (1767), toujours il ramène aux sentiments de foi, il émeut, il persuade. Ses prêtres et son peuple lui obéissent avec joie, avec entraînement : c'est l'obéissance de la conviction, l'obéissance raisonnable et raisonnée, dont parle saint Paul : *rationabile obsequium.*

CHAPITRE VI.

Nouveau Catéchisme du diocèse, en 1752. — Comparaison de ce travail avec ceux des prédécesseurs du prélat. — Zèle de Mgr de Pressy pour l'éducation religieuse de la jeunesse. — Il publie quelques petits livres pour les écoles.

Gardien de la foi et des mœurs dans son diocèse, l'Évêque doit veiller à conserver intact le dépôt de la doctrine et à répandre, parmi les fidèles, les saintes vérités dont la croyance et la pratique conduisent les âmes à la vie éternelle. C'est là une des plus importantes fonctions de sa charge.

Pendant longtemps, la connaissance du dogme et de la morale évangélique fut transmise au peuple, par les prêtres, à la manière des prédications et des prônes, au moyen d'un enseignement purement oral. Depuis le XVIe siècle, à l'imitation du *Catechismus ad parochos*, rédigé par ordre du Concile de Trente, on a mis entre les mains des fidèles un résumé sommaire des vérités catholiques, adapté aux besoins des populations et aux diverses circonstances des lieux et des temps : cet abrégé populaire, expression très-mobile d'une doctrine immuable, est le *Catéchisme diocésain.*

Nous ne croyons pas pouvoir faire remonter plus haut qu'à l'épiscopat de Mgr de Perrochel la publication d'un catéchisme de Boulogne, successivement modifié par Ladvocat, par Le Tonnelier, par de Langle et par Mgr Henriau. Mais ces petits livres, usés par les mains de l'enfance, n'étant point parvenus jusqu'à nous, il nous serait difficile de savoir quelles sortes de modifications on leur a fait subir dans ces divers remaniements. On peut croire que le catéchisme de Pierre de Langle était un peu entaché de Jansénisme, ou que du moins il ne présentait pas assez de garantie contre les erreurs de cette hérésie dangereuse, puisque Mgr Henriau a cru devoir, en insistant fortement sur les points controversés, prémunir spécialement les fidèles contre les nouveautés de l'époque. Le catéchisme de ce dernier a eu deux éditions (1726 et 1730). Comme il était trop étendu (bien que divisé en *petit catéchisme* et *grand catéchisme*), il a été remplacé par un autre que nous n'avons pas retrouvé, mais que Mgr de Pressy nous fait connaître, en nous le signalant comme étant en vigueur au commencement de son épiscopat. En effet, au titre VI de ses statuts (art. 13), il renvoie les maîtres d'école à « l'avertissement qui se trouve à la tête » du catéchisme de Mgr Henriau qu'il appelle « l'*ancien catéchisme*, dont ils auront soin de se pourvoir, ajoute-t-il, afin d'y apprendre eux-mêmes, d'une façon plus développée, les vérités *contenues en abrégé* DANS LE NOUVEAU, et d'être par là plus à même d'en instruire les enfants. » Puis, dans une note insérée à la fin du mandement de Carême de 1753, et dans une phrase du titre V (art. 16) des statuts, il parle encore de ce nouveau catéchisme qu'il dit avoir été donné par son « illustre prédécesseur. » C'est désigner assez clairement, ce nous semble, Mgr d'Hervilly [1].

Nous insistons sur ces détails, parce que l'opinion commune est que Mgr de Pressy a retouché l'œuvre de Mgr Henriau, et que personne, jusqu'ici, n'a signalé ce catéchisme intermédiaire, bien distinct du précédent.

Mgr Henriau avait fait imprimer pour ses diocésains un volume, petit in-12 de 283 pages (y compris les 16 pages de l'abrégé), ce qui était d'une étendue vraiment considérable et ne pouvait être commodément appris par les enfants, surtout dans les campagnes. C'est cet inconvénient qui aura motivé le travail que nous attribuons à Mgr d'Hervilly.

Sans être pleinement satisfait de ce catéchisme, qu'il trouva établi en montant sur le siége épiscopal, Mgr de Pressy attendit pour le réformer que l'édition en fût épuisée. Alors il se mit à l'œuvre, afin de donner à ses diocésains un travail qui répondît mieux à ses vues sur l'enseignement de la doctrine chrétienne. Le catéchisme de Mgr d'Hervilly avait été le produit d'une réaction, probablement un peu exagérée, contre la longueur de celui de Mgr Henriau ; Mgr de Pressy réagit à son tour contre la brièveté de son prédécesseur.

« En vous donnant un catéchisme nouveau, mes très-chers Frères, dit-il, ce n'est pas une doctrine nouvelle que Nous vous présentons ; c'est la même, enseignée dans tous les tems, mais exposée d'une manière plus méthodique. Nous avons conservé presque toutes les demandes et réponses du catéchisme précé-

[1] De toute manière, il était encore assez récent pour que Mgr de Pressy pût dire en 1744 : « Il y a assez longtemps qu'il est entre les mains de tout le monde, pour être récité dans toute son étendue. »

dent. Nous en avons ajouté d'autres plus détaillées, afin que les fidèles, de quelque âge qu'ils soient, puissent s'y instruire à fond des principales vérités de leur religion, dont ils n'ont souvent qu'une teinture fort superficielle. Attentif également à éclairer l'esprit, à intéresser le cœur, à régler la conduite, Nous y avons mis en abrégé tout ce que la foi enseigne de dogmes, tout ce que la piété inspire de sentimens, tout ce que les vertus chrétiennes exigent de pratiques.

» Nous y avons inséré particulièrement celles qui sont propres à former les mœurs des enfans. Si un catéchiste entre dans nos vues, à chaque leçon il choisira une ou deux de ces pratiques, selon la portée de ses auditeurs ; il les leur fera répéter plusieurs fois, de manière que tous puissent les retenir ; il leur en persuadera l'exécution par des motifs propres à les graver profondément dans ces âmes encore tendres, où les premières impressions sont les plus durables.

» Les histoires que Nous avons indiquées à chaque article tendent au même but ; mais elles ont encore d'autres avantages. L'expérience fait voir que dans ces récits tirés de la Sainte-Écriture, il y a un charme secret qui réveille l'attention, pique la curiosité des enfans, et leur fait prendre goût aux catéchismes dont la doctrine s'insinue agréablement dans les cœurs. Les demandes et réponses que Nous avons ajoutées à celles du précédent catéchisme, ont pour objet en partie les vérités contraires aux erreurs proscrites dans le dernier siècle et dans celui-ci par plusieurs jugemens solennels qui, émanés du Siége Apostolique et acceptés du corps sacré de l'Épiscopat, exigent la soumission de cœur et d'esprit de tous les fidèles. »

Le mandement du 17 décembre 1752, dont nous avons extrait ces lignes, fait bien connaître le but que s'est proposé le pieux prélat dans son travail de réforme.

Nous n'entreprendrons point de rechercher qu'elle est la mesure des additions et des modifications que Mgr de Pressy a faites dans l'œuvre de son prédécesseur. N'ayant pu trouver le catéchisme de Mgr d'Hervilly, malgré le soin avec lequel nous avons fouillé les bibliothèques et scruté les collections de ces vieux débris, nous ne pourrions faire que des hypothèses hasardées, dont nous voulons avant tout nous abstenir.

La pensée d'introduire des *pratiques* parmi les articles du catéchisme, n'appartient pas à Mgr de Pressy. Lui-même nous apprend qu'il y en avait « à la fin du catéchisme » de son prédécesseur. Il n'a donc fait que suivre et perfectionner sans doute ce qui avait été déjà établi. Au fond, c'est le catéchisme de Mgr Henriau qui a servi de base à l'œuvre nouvelle; mais il est considérablement diminué quant à l'étendue. La comparaison entre ces deux ouvrages est tout à l'avantage du second. L'ordre, la méthode, la disposition générale des matières en sont bien différents. La rédaction, restée généralement la même quant à la pensée, s'est améliorée quant à l'expression. En voici un exemple : à cette question, « Qu'est-ce que l'Église?... »

M. HENRIAU *répond :*

« C'est (*si l'élève oublie la demande, la réponse ne lui laisse qu'une phrase énigmatique*) l'assemblée des fidèles qui font profession d'une même foy, unis par la participation des mêmes sacrements et gouvernez par Notre Saint-Père le Pape et par les évêques. »

M. DE PRESSY *corrige :*

« L'Eglise est l'assemblée des fidèles, unis ensemble par la profession de la même foi, la participation aux mêmes sacremens et la soumission au gouvernement spirituel des évêques et surtout de Notre Saint-Père le Pape. »

Ainsi du reste ; mais nous ne pouvons nous arrêter à ces rapprochements, sans nous exposer à louer dans Mgr de Pressy ce qui est peut-être l'œuvre de Mgr d'Hervilly.

Quoi qu'il en soit, le catéchisme de Boulogne, qui ressemble sans aucun doute pour le fond à tous les catéchismes du monde catholique, jouit encore maintenant d'une juste réputation, auprès de tous ceux qui se sont occupés de l'instruction religieuse de la jeunesse. Malgré le *Catéchisme de l'Empire* et l'ancien *Catéchisme d'Arras* beaucoup d'ecclésiastiques vénérables avaient continué de s'en servir ; Mgr de La Tour d'Auvergne l'avait adopté pour son diocèse, en **1814**, et ce n'est pas le clergé de la partie boulonnaise de son vaste évêché qui a contribué à le faire revenir sur cette mesure. L'écoulement d'une autre édition qui en a été faite postérieurement, à Boulogne même, en est une preuve suffisante.

Peu de jours après la publication de son catéchisme dogmatique et moral, Mgr de Pressy fit paraître un catéchisme historique sur les fêtes de l'Eglise, dans le but de compléter l'éducation religieuse de son peuple et d'établir ce que nous appelons maintenant un *Catéchisme de Persévérance* (24 janvier 1753). Ce n'est pas tant son ouvrage, dit-il, « que celui de deux prélats célèbres dont les noms seuls font un magnifique éloge, Bossuet, évêque de Meaux, et Languet, archevêque de Sens. » Dans cette œuvre encore, il avait l'exemple d'un de ses prédécesseurs, François de Perrochel, qui avait publié un travail semblable, dont nous avons quelques fragments.

Ces catéchismes devaient être les premiers livres de l'école, après l'alphabet. Dans les années suivantes, il fit paraître successivement plusieurs livres de lecture : en 1754, une *Histoire abrégée de l'Ancien-Testament*, volume in-12, de près de 150 pages, ouvrage qui avait déjà eu, dit-il, « six éditions dans un diocèse voisin » et qu'il jugeait « capable de faire de salutaires impressions sur l'esprit et le cœur de la jeunesse ; »

puis, en 1755, une « *Histoire abrégée de la vie de Notre Seigneur Jésus-Christ,* » du même format et de la même provenance, avec un court mandement pour en recommander le débit et en faire valoir les avantages.

Non content de donner ainsi aux fidèles, dans un style simple et sans prétention, mais clair, élégant et concis, l'aliment intellectuel de leurs âmes, il voulait prêcher d'exemple et, autant qu'il le pouvait, se faire lui-même catéchiste.

« Fut-il jamais, disent les vicaires-généraux dans leur man-» dement au sujet de la mort du prélat, fut-il jamais pasteur » plus zélé pour le salut de ses ouailles? Quelle attention à les » faire instruire, et surtout les pauvres et les enfans! Il a toujours » recommandé l'instruction de ces derniers, comme le moyen le » plus sûr de renouveler l'esprit de piété dans une paroisse. Il » les interrogeoit, lorsqu'il en rencontroit dans la campagne; et » souvent nous l'avons vu environné d'une foule de pauvres et » d'enfans à qui il faisoit le catéchisme [1]. » M. Coquatrix ajoute : « Souvent ils se rassembloient autour de lui, comme » autour d'un bon père, et on voyoit alors ce respectable pas-» teur les instruire, avec une patience et une douceur admira-» bles, des premières vérités de notre sainte religion, les exhor-» ter à l'amour de Dieu, leur apprendre à prier et à ouvrir » leurs cœurs à la confiance et aux saintes impressions de la » grâce, par les effets d'une bienfaisante charité; car l'aumône » étoit entre ses mains un moyen puissant, pour porter les âmes » à la pratique de leurs devoirs. Toujours il la joignoit aux pa-» roles d'édification et de salut [2]. »

[1] *Mandement de MM. les vicaires-généraux, le siége vacant,* en date du 14 octobre 1789, p. 5.

[2] *Oraison funèbre*, p. 15.

Il recommande particulièrement aux jeunes ecclésiastiques qui se disposent à entrer dans les saints ordres, de faire le catéchisme dans leurs paroisses, pendant leurs vacances, sous la direction des curés, afin de se former à la pratique de cette importante fonction du ministère. L'exactitude sur ce point, disent les vicaires-généraux, « étoit dans son opinion un mérite qui, plusieurs fois, l'a déterminé dans le choix des sujets pour les bénéfices à charge d'âmes [3]. »

La plus louable émulation de la part des curés, des clercs et du peuple, relativement à l'instruction religieuse, que l'évêque contrôlait par lui-même dans ses visites diocésaines, fut le résultat de ses exemples et de son zèle ; et nous avons entendu des vieillards, qui ne savaient pas lire, nous réciter, à quatre-vingts ans, le catéchisme de Boulogne, avec toute la verve et l'imperturbable assurance d'une mémoire d'enfant ! Heureux les peuples qui savent si bien répondre aux efforts de leurs pasteurs, heureux les pasteurs qui savent ainsi persuader et se faire comprendre !

3 *Mandement* cité, Ibid.

CHAPITRE VII.

Mgr de Pressy institue l'Adoration perpétuelle, en 1753; publie un nouveau Propre des Saints du diocèse, en 1756. — Il établit l'usage du renouvellement des vœux du baptême, en 1758; jugement sur ces œuvres. — Il fait imprimer des heures, en 1762, et propage la dévotion au Sacré-Cœur de Jésus, en 1766. — But et esprit de ces ouvrages; piété du Prélat.

La foi n'est rien sans les œuvres. Après l'enseignement il faut la pratique; et, si Dieu a révélé à son Église les mystères de ses opérations éternelles, les lois du monde moral, et les abaissements infinis de son Verbe, c'est afin que l'homme puisse régler sa vie sur ces principes immuables et acquérir par sa fidélité, les récompenses immortelles du siècle à venir. Or, si le juste vit de foi, c'est surtout de la foi pratique, de celle qui se manifeste par les actes extérieurs. La prière, le culte, la liturgie, expressions de la croyance, sont nécessaires à l'homme : quand les formes révélées lui manquaient il en a inventé lui-même, au gré de son imagination ou de ses passions.

Après avoir pourvu aux besoins de l'enseignement dogmatique, Mgr de Pressy ne pouvait manquer de songer au développement du culte, non pas en touchant aux formes établies par l'Église, (elles sont saintes et pour ainsi dire immuables dans la liturgie romaine); mais en établissant des œuvres spéciales, secondaires, capables de venir en aide à la foi, de frapper vivement les cœurs, d'alimenter la piété et la dévotion.

La première des œuvres de piété créées par l'évêque de Boulogne, fut la réalisation d'une pensée de Pierre de Langle. On lit en effet, dans les statuts de 1704, ces lignes, reproduites en

1746 par Mgr de Pressy : « Nous souhaiterions bien de pou- » voir établir par tout notre diocèse l'Adoration perpétuelle du » Très-Saint Sacrement, ainsi que nous sçavons qu'elle l'est dans » quelques diocèses voisins (notamment celui de Saint-Omer) » avec beaucoup de fruit et d'édification ; nous invitons les » pasteurs de l'insinuer dans l'esprit des peuples, et de les pré- » parer à la recevoir, lorsque la Providence nous aura donné » l'occasion et le tems de travailler à ce saint établisse- » ment. »

Ce que Pierre de Langle, engagé dans des luttes stériles et coupables contre l'autorité du Saint-Siége, n'a pu établir, Mgr de Pressy le réalise, en 1753. Le but de cette œuvre, inspirée par le plus ardent amour envers le Sacrement de l'autel, est suffisamment caractérisé dans les lignes suivantes, extraites du mandement d'institution : « Puisqu'il ne nous » est pas possible d'adorer tous à la fois continuellement » cet auguste mystère, partageons-nous, du moins, de telle » sorte qu'il n'y ait point de jour dans l'année, ni d'heure » dans le jour, ou plusieurs d'entre nous ne soient pro- » sternés devant le Très-Saint Sacrement, pour l'honorer » par des actes de foi, de confiance, d'amour, d'union, de re- » connoissance, de soumission, d'offrande, d'admiration, de » louange, de supplication, de douleur et de pieux gémisse- » mens, en réparation de tous les outrages que lui ont faits et » que lui font les infidèles, les hérétiques, et, parmi les catho- » liques mêmes, tant de profanateurs. C'est dans la continuité » de tous ces actes, fidèlement produits aux pieds des autels, » que consiste l'adoration perpétuelle, qu'on peut appeler à » juste titre par excellence la dévotion des dévotions. »

Pour arriver à cette fin, un jour spécial d'adoration fut assigné chacune des paroisses du diocèse ; c'est encore, dans la plupart d'entre elles, le jour qu'elles ont conservé jusqu'ici.

L'évêque publia, la même année, un recueil de prières et d'instructions,. dans lequel il reproduisait son mandement, avec quelques autres pièces du même genre. Il donnait ainsi à son peuple les moyens de retirer de cette dévotion tout le fruit qu'il s'était proposé d'en faire sortir.

Le premier soin du pieux pontife a donc été de mettre en honneur et en plus grande vénération le culte du Pontife Suprême de l'humanité, « Jésus-Christ, l'Homme-Dieu, parfait adorateur de son père » dans le Mystère de l'autel.

Le culte divin, dans son expression liturgique proprement dite, l'office canonial et la sainte Messe, devait aussi attirer l'attention du prélat. D'accord avec son vénérable Chapitre, qui eut sans doute, comme c'était son droit, la plus grande part à ce travail, il publia une seconde édition du *Propre des Saints* du diocèse. Mgr de Pressy nous apprend lui-même qu'il y a fait quelques changements : il a supprimé les hymnes, les antiennes, les répons des anciens offices de saint Louis et de saint Maxime, qui, dit-il, « à cause de la diversité des temps et des mœurs, étaient en faveur autrefois, et, maintenant, nous choquent par leur mauvais goût, *quæ olim habuere gratiam, nunc habent offensionem ;* » il les a remplacés par des phrases empruntées à l'Écriture sainte, suivant le goût du moment, et par des hymnes que lui a fournies le répertoire de Santeul. Pour augmenter la splendeur du culte dès premiers apôtres de notre pays, le nouveau *Propre* fut doté d'un office complet des SS. Fuscien et Victoric. La Vierge, patronne du Boulonnais, ne fut pas oubliée : on composa un office spécial en son honneur, qui devait être récité tous les samedis de l'année, où l'on n'aurait pas une fête d'un degré supérieur ; et, pour la procession de l'Assomption, on paraphrasa une hymne du Père Commire, avec une oraison propre, où l'on célébrait la sainte Image qui faisait la gloire religieuse de Boulogne.

Voici comment un écrivain boulonnais a jugé cette publication :

« L'esprit de la nouvelle réforme est assez compris. On a remplacé les naïfs et vieux répons, les mélodieuses antiennes de saint Maxime, par des centons scripturaires; on a fait par là même disparaître les anciens chants; on a détruit le peu qui restait de l'antique bréviaire de Térouanne. Les nouveaux offices, élaborés péniblement dans un style sec et froid » (c'est la faute du genre, non celle du rédacteur) « ont perdu toute la pieuse fraîcheur des temps passés. Les hymnes de Santeul, que le Chapitre avait énergiquement refusées en 1692, trônent dans le nouveau Propre avec toute l'ostentation de leur phrase prétentieuse et guindée. Nous devons toutefois au nouveau Propre cette justice que les légendes ont été respectées, et qu'on en a retranché quelques défauts historiques qui subsistaient encore [1]. »

Le jugement est bien sévère, et la plume qui l'a écrit nous semble quelque peu juvénile. Pour rester dans le vrai, disons que tout homme subit avant tout l'influence de son époque. Il faut savoir gré à Mgr de Pressy de n'avoir pas, comme tant d'autres évêques du XVIIIe siècle, donné à son diocèse un bréviaire nouveau. Attaché du fond des entrailles à l'Église mère et maîtresse de toutes les églises, il n'a pas voulu prier avec

[1] *Mémoire sur l'Histoire de la Liturgie dans le diocèse de Boulogne,* inséré dans les *Annales de Philosophie,* de M. Bonnetty, t. XL.

d'autres livres que ceux de l'univers catholique ; il n'a pas voulu être plus sage que ses pères, et il a redouté le scandale que ces changements funestes produisent toujours au sein des populations. On lui proposa, dit-on, de supprimer la liturgie romaine, pour y substituer quelqu'une des modernes élucubrations, il répondit : « Ah! Messieurs, nous ne tenons plus à Rome que par un fil, gardons-nous bien de le rompre. »

S'il a pensé qu'il pouvait se permettre, sans l'approbation du Saint-Siége, la publication des offices diocésains, il n'a fait que suivre la pratique constante de ses prédécesseurs. En agissant ainsi, il était en opposition avec les règles tracées par les Congrégations romaines ; mais, encore une fois, tenons-lui compte de sa fidélité dans les grandes choses , et ne nous en prenons qu'aux malheureuses opinions du temps , s'il a cru rester libre dans les petites. Les plus pieux prélats de la France du XVIIIe siècle ont fait de même : il était réservé à notre époque de se montrer plus sage et d'avoir une obéissance plus parfaite.

Nous ne saurions déterminer quelle fut la part de l'évêque, dans la rédaction de cette œuvre , qui était plus spécialement de la compétence du Chapitre ; et l'on ne trouve rien à cet égard, ailleurs que dans le Propre même.

Deux ans après la publication du *Propre* diocésain , 15 mars 1758, Mgr de Pressy instituait dans son diocèse la coutume du *Renouvellement public et annuel des vœux du Baptême.* D'autres diocèses l'avaient précédé dans cette voie. « A la vue des tentations « auxquelles il savait les fidèles exposés, « dans ces jours mauvais d'un siècle pervers, où le libertinage, père de l'irréligion, et l'irréligion, mère des blasphèmes, donnent naissance à tant d'écrits et de discours aussi scandaleux qu'impies, » il désirait prémunir leur foi et affermir leur piété

« par la rénovation solennelle des vœux de leur baptême. » Il fixa pour cette cérémonie le dimanche de la Sainte-Trinité.

Un résumé très-succinct et très-frappant des principales preuves de la religion se trouve tracé rapidement, dans l'instruction pastorale qui accompagne le mandement d'institution. Mais ce qui est surtout à remarquer, c'est l'Acte que le prélat composa pour servir de formule à ce renouvellement des promesses du chrétien. L'ébauche de ce travail se trouve dans le livret de l'adoration perpétuelle dont nous avons parlé plus haut. Presque toutes les pensées les plus saillantes y sont déjà exprimées ; mais combien l'œuvre a gagné au remaniement qu'elle a subi ! Comme tout y est fondu, harmonisé ! Quelle grandeur, quelle élévation dans ce début : « Que votre saint nom soit loué, Seigneur, Dieu de nos pères ! » etc... Quelle onction dans tout l'ensemble ! Quel saisissant aveu de la faiblesse humaine, relevé par la plus touchante confiance dans le secours d'En-Haut ; quel tableau émouvant des cérémonies du baptême, éloquent commentaire des symboles liturgiques ! Non, jamais il n'en perdra la mémoire, celui qui, au jour de sa première communion, sous les yeux de sa mère attendrie, a redit, au nom de ses condisciples, cette page, sinon la plus éloquente, du moins la plus populaire qui soit sortie de la plume du vénérable prélat. On dirait une de ces solennelles *contestations* [1], de ces inimitables préfaces que la vieille liturgie de nos pères met sur les lèvres de ses Pontifes dans les plus saintes et les plus religieuses fonctions du culte divin. Aussi, quelle impression profonde cette cérémonie faisait sur tous les cœurs ! Comme toutes les pensées s'associaient dans un même sentiment, comme toutes les bou-

[1] Voyez l'*Année Liturgique* du R. P. Dom Guéranger.

ches redisaient ces paroles brûlantes, tout empreintes des plus nobles inspirations des écrivains sacrés ! Si l'éloquence est quelque part, n'est-ce pas dans ces pages, d'où l'émotion se transmet au cœur avec des impressions si vives et si durables ? Mgr de Pressy avait le génie de la prière ; il avait cette *bouche d'or* dont les siècles antiques ont gratifié l'un de nos plus grands écrivains sacrés. La prière, en effet, s'échappe de son cœur avec un parfum de céleste inspiration qui se communique à ceux qui le lisent.

C'est là ce qui fait le caractère propre de ses ouvrages ascétiques, tels que les *Heures*, imprimées en 1762, et les *Exercices de piété en l'honneur du Sacré-Cœur de Jésus*, publiés en 1767. Beaucoup de pieux évêques, de saints religieux, de laïques même ont composé des livres de prières ; mais, combien y en a-t-il qui soient doués des qualités nécessaires pour y mettre ce je ne sais quoi qui éclaire les intelligences, échauffe les cœurs, élève les âmes ? « Si tous les livres de prières, connus sous le nom d'*Heures* étoient pleins de lumière et d'onction, notre sollicitude pastorale, dit l'évêque de Boulogne, se borneroit à vous recommander de les lire et d'en profiter. Mais parmi ceux qui sont répandus dans notre diocèse, plusieurs nous ont paru peu propres à éclairer l'esprit, à toucher le cœur, à inspirer le goût d'une piété tendre et solide. Quelques-uns même, loin de nourrir des paroles de la foi et de la confiance en Dieu les âmes pieuses et timorées, les dessèchent, les désolent, les empoisonnent, en leur faisant sucer le venin d'une doctrine favorable aux erreurs désespérantes qu'ont enseignées les hérétiques des derniers siècles. »

Voilà le mal en effet. Les jansénistes (car c'est à eux que Mgr de Pressy fait allusion) avaient empoisonné les sources de la prière, afin de répandre plus facilement leurs erreurs. Sous prétexte d'extraits des SS. Pères, de psaumes, d'offices divins, ils avaient inondé la France de livres pernicieux, où leurs maximes les plus chères se glissaient sous le voile des paroles saintes. L'évêque de Boulogne apporte un remède à ce mal. Il va puiser dans ses auteurs favoris, saint François-de-Sales, saint Philippe de Néri, Louis de Grenade, Louis de Blois ; il recueille tout ce qu'il trouve dans d'autres ouvrages, où l'Esprit de Dieu a passé ; il compose lui-même quelques formules. La foi pénètre ces pages : en priant, l'âme s'instruit et s'affermit dans sa croyance ; les vérités de l'Évangile servent de soutien aux espérances dont se nourrit la piété ; la charité la plus ardente y déborde partout, et soulève sans efforts les âmes vers le créateur et le Père de toutes choses.

Il serait superflu d'entrer dans le détail des *Actes* divers dont se composent les *Heures*. Les fidèles accueillirent avec faveur cette publication, réimprimée avec succès dans notre siècle.

Nous dirons maintenant un mot de l'établissement de la dévotion au Sacré-Cœur de Jésus. Déjà les *Heures* renfermaient quelques exercices sur cette dévotion, qui était établie chez les religieuses Annonciades de Boulogne, depuis l'année 1716, et qui commençait à se répandre parmi les fidèles. En 1765, l'assemblée générale du clergé de France invita tous les archevêques et évêques du royaume à instituer, dans leur diocèse, une fête en l'honneur du Sacré-Cœur. Secondant la piété de la reine, qui avait inspiré cette résolution à l'assemblée, Mgr de Pressy publia, le 10 mai 1766, un mandement pour « approuver que la dévotion et l'office du Sacré-Cœur de Jésus fussent établis dans toutes les paroisses et communautés religieuses » de son diocèse. Il ne se contente pas de demander à ses prêtres le concours de leur zèle ; il veut lui-même prendre part à l'enseignement direct des fidèles, et fait imprimer un livre où il « explique plus amplement l'objet, la fin, les motifs et les pratiques de cette dévotion. »

Avons-nous besoin de dire qu'on retrouve dans cette œuvre les qualités que nous avons signalées dans les *Heures?* Sans doute, là non plus, tout n'est pas de la plume du pieux évêque; mais il a tout choisi, tout revu, et, dans ce qui lui est propre, il n'a pas été surpassé par ses modèles.

Nous ne parlerons que pour mémoire des autres publications qui sortirent des presses Boulonnaises, pour propager les formules liturgiques parmi le peuple. Ce sont des *Offices divins*, des *Paroissiens* très-complets, latins et latins-français, des cantiques à l'usage des missions, une *Journée du chrétien sanctifiée par la prière et la méditation*, sorte d'abrégé populaire du livre des *Heures*. Si toutes ces publications ne sont pas, à proprement parler, rédigéés par l'évêque, elles répondent cependant à sa pensée, elles sont imprimées à l'abri de son *privilége*, elles se présentent aux fidèles sous l'autorité de son nom. Encore aujourd'hui, le peuple ne les désigne pas autrement que sous le titre d'ouvrages de Mgr de Pressy, tellement sa mémoire est attachée à tout ce qui a été fait de son temps, pour l'honneur de Dieu et le développement du culte divin.

Nos lecteurs nous reprocheront, sans doute, d'être arrivés au terme de cette appréciation des œuvres ascétiques du vénérable pontife, sans avoir parlé de ces admirables prières du matin et du soir qui sont encore dans la bouche de tout le monde, formules populaires, sanctifiées par l'usage qu'en ont fait plusieurs générations, dans ces religieuses familles où l'aïeul, avec l'autorité de ses cheveux blancs, priait au nom de tous, et, comme les anciens patriarches, transmettait à sa jeune postérité les paroles saintes qu'il avait apprises de ses pères. C'est à dessein que nous avons omis de les citer, puisqu'elles n'ont pas été composées par celui dont nous racontons la vie et les travaux [1] ; mais nous devons cependant ne pas négliger de dire à sa louange qu'il a conservé ce qui était bon. Il a craint d'altérer le goût de la prière, s'il en changeait la forme traditionnelle.

Ce qui n'était pas moins instructif ni moins efficace, pour animer l'esprit de foi et l'ardeur du sentiment religieux, c'était la piété tendre, affectueuse, expansive, dont l'évêque de Boulogne montrait l'exemple. Assidu aux offices du chœur, il prenait part aux fonctions sacrées toutes les fois que les usages de l'Église de Boulogne le permettaient : il sollicitait même assez souvent la faveur d'une exception à la règle un peu étroite qui était en vigueur sur ce point. Jamais il ne passa un seul jour sans offrir à Dieu le Sacrifice Eucharistique ; et, à l'exemple du plus pieux de ses prédécesseurs [2], il eut son confessionnal parmi ceux des prêtres qui dirigeaient les consciences.

Le spectacle de sa piété était comme une prédication vivante; citons quelques traits de son panégyrique : « L'onction sainte » qui pénétroit son âme ne se trahissoit-elle pas souvent au » dehors ? Ne se peignoit-elle pas sur son visage ? Ces regards » tendres et fréquens vers le signe de notre Rédemption, vers » Jésus-Christ, présent sur nos autels, ces pieux tressaillemens » dans les saints Offices, ces élancemens subits dans la célé-

[1] Ces prières se trouvent déjà dans les Catéchismes de Mgr Henriau, à la publication desquels nous les croyons antérieures.

[2] Mgr de Perrochel.

» bration des divins mystères, n'annonçoient-ils pas l'amour » ardent que son cœur ne pouvoit contenir ? Oui, Messieurs, » c'étoient des étincelles du feu qui le consumoit. Mais, ô âmes » pieuses, » continue l'orateur en faisant appel aux souvenirs de son auditoire, « vous dont la ferveur se ranimoit à sa seule » présence, vous qui vous confondiez à la vue de sa tendre » piété, vous qui avez tant de fois admiré cet humble prélat, » dépouillé de tout l'appareil de la grandeur, prosterné dans ce » temple comme le plus simple fidèle, anéanti en la présence du » Dieu qui y réside; oh ! si vous eussiez pu pénétrer dans ce » cœur; s'il vous eût été donné d'entrer dans ce sanctuaire de » l'amour divin, si vous eussiez vu les communications de cette » âme fidèle avec son Dieu, les saintes ardeurs dont elle brû- » loit pour lui, et les faveurs dont il la combloit !... Vous seul » formâtes ces sentimens, ô mon Dieu ! vous seul pûtes les » connaître, vous seul pûtes en apprécier toute l'énergie et la » vivacité [1]. »

Il était impossible qu'une âme aussi intimement unie à son Dieu ne produisît pas d'heureux fruits de salut parmi les peuples. Mgr de Pressy pouvait dire avec le divin Maître : *Pro his ego sanctifico meipsum, ut et ipsi sanctificentur.*

[1] *Oraison funèbre*, pp. 25 et 26.

CHAPITRE VIII.

Visites pastorales de Mgr de Pressy. — Sentiments qui l'animaient. — Ses bienfaits nombreux à cette occasion.

Attaché, « par les liens de la religion, de la nature et du sang, » à ce diocèse qui était, comme il le dit lui-même, celui de sa naissance, de son baptême et de son ministère avant l'épiscopat, et où il désirait fournir le reste de sa carrière, Mgr de Pressy était vivement pénétré de « l'obligation et de la difficulté de pourvoir à tous les besoins spirituels des peuples » de ce qu'il appelle « son vaste évêché, » renfermant un total de 279 paroisses, 154 secours et un nombre égal de chapelles. Si l'influence du prêtre est grande, pour répandre autour de sa personne ce que les saintes lettres appellent la bonne odeur de Jésus-Christ, quelle ne doit pas être la puissance d'action, la sainte et mystérieuse influence de celui qui a reçu la plénitude du sacerdoce? Comme le divin maître, Mgr de Pressy savait quelle vertu secrète se communique à la foule, quand l'Évêque se laisse approcher, et, pour ainsi dire, toucher par elle. Aussi fut-il en quelque sorte passionné pour l'accomplissement du devoir de la visite pastorale. Il pouvait par là se faire connaître des brebis en même temps que des pasteurs, et porter, jusqu'aux extrémités de son diocèse, le parfum de sa piété et la persuasive attraction de sa parole.

Dans un mandement, imprimé sans date antérieurement à 1745, et envoyé successivement d'année en année aux curés des paroisses, à mesure qu'elles devaient être visitées, il témoigne l'intention de se transporter partout où le besoin de ses ouailles l'appelle, « pour donner le sacrement de Confirmation, annoncer » la parole de Dieu, régler la discipline, réformer les abus, » retrancher les scandales et remédier à la perte d'un grand » nombre d'âmes, qui périssent tous les jours, soit par l'ignorance » des vérités de la foy et l'oubli de leurs devoirs, soit par la » la contagion des vices qui se répandent avec plus d'impunité » que jamais, et portent en tous lieux la licence et la corrup- » tion... « O vous, ministres du Très-Haut, s'écrie-t-il dans » l'ardeur de son zèle, vous qui partagez sous notre autorité la » sollicitude pastorale, secondez de tout votre pouvoir, par vos » prières, par vos bons exemples, par vos fréquentes instructions, » par votre vigilance et vos soins, la volonté que le Seigneur » nous donne de rétablir de plus en plus dans ce diocèse la » pureté de la foy, l'honneur et la majesté de son culte, la » décoration de ses temples, la connaissance et l'observation de » ses commandemens, d'inspirer aux peuples plus de respect » pour nos redoutables mystères, de les rendre plus assidus aux » offices divins, aux exercices de piété et surtout à la digne » fréquentation des sacremens, de rallumer l'ardeur de leur » dévotion et de renouveler ainsi le troupeau que Jésus-Christ » nous a confié. »

Voilà, pour ainsi dire, le programme de l'action que l'évêque de Boulogne se proposait d'exercer dans son diocèse, et c'est en même temps le résumé de sa vie.

Puisque nous avons entrepris de parler de ses visites, disons maintenant, pour n'avoir plus à y revenir, que pendant les quarante-sept années de son épiscopat, il a procuré huit fois à ses diocésains le bonheur d'entendre sa parole et de s'animer au bien par l'exemple de sa piété et de ses vertus. « Ni l'âge, ni les infirmités, ni la difficulté des chemins ne pouvaient l'arrêter. » Il eut voulu, conformément au vœu du Concile de Trente, « en faire la visite entière tous les deux ans; » il se proposait même de se rendre dans toutes les paroisses « chaque quatrième année; » mais sa première visite le convainquit de l'impossibilité où il était de réaliser cette pensée dans toute son étendue.

Les procès-verbaux de ses visites n'ayant pas échappé aux ravages du temps, non plus que les comptes-rendus dressés par les curés, à cette occasion, sur l'état des paroisses, il nous est impossible de suivre le prélat dans ses courses apostoliques. Nous le laisserons encore nous exposer lui-même quel était le but de ses pieuses pérégrinations et nous retracer les devoirs qu'il s'imposait. Son mandement pour la deuxième visite, imprimé sans date, comme le premier, et répété pour toutes les années suivantes, nous le montre s'appuyant de l'exemple des plus saints évêques du diocèse de Térouanne et de Boulogne, en particulier de Mgr Perrochel et de Mgr d'Hervilly, et comme eux ardemment préoccupé du salut des âmes et du devoir de sa charge. Désireux de rechercher et de sauver, aux dépens de son repos, de sa santé, de sa vie même (ce sont ses propres expressions), toutes les brebis égarées qui fuient loin du bercail, il s'estimait heureux de ses travaux, quand il n'aurait ramené « qu'une seule âme à Jésus-Christ. » Il voulait, en outre, nous dit-il, « soutenir les foibles, ranimer les pusillanimes, relever » ceux qui tombent, consoler les affligés, prendre un soin pater- » nel des indigens, réconcilier les ennemis, convertir les pé- » cheurs, encourager et perfectionner les justes. Si donc, » continue-t-il, en s'adressant à ses fidèles diocésains, il y a » parmi vous quelque pécheur scandaleux, quelque enfant pro- » digue, qu'il vienne à nous avec confiance, et, s'il ne veut pas

» venir, du moins qu'il nous attende chez lui, où nous irons » volontiers le chercher ! Qu'il ne craigne pas de trouver en » nous un juge sévère, un censeur rigoureux de ses désordres : » nous lui protestons qu'il trouvera un père tendre, un pasteur » charitable et compatissant ! Il n'est rien de touchant et d'atti- » rant que nous ne désirions mettre en œuvre pour le gagner » et le sauver. Loin de le charger d'accablans reproches, nous » lui parlerons avec douceur, nous l'écouterons avec bonté, nous » lui faciliterons avec joie les moyens de revenir de ses égare- » mens. »

Rapprochons de ces paroles l'éclatant témoignage qui lui fut rendu, en présence de son cercueil, par ses plus fidèles coopérateurs :

« O vous, qui avez été les compagnons de ses courses apos- » toliques, s'écrie M. Coquatrix, dites-nous avec quelle infati- » gable activité il se livroit à tout ce qui pouvoit intéresser son » ministère ; annonçant, dans tous les lieux où il passoit, » l'Évangile du Seigneur, proportionnant ses instructions à la » portée des foibles et des ignorans, parlant à tous avec la fer- » veur et l'effusion du zèle, se conduisant envers eux comme » un père avec ses enfans, rétablissant la paix dans les familles, » portant la consolation dans le sein des affligés et des malades, » allant jusques dans les chaumières chercher de pauvres » enfans que leurs infirmités privoient du bonheur de venir » à lui ! Racontez-nous les salutaires effets, les vives im- » pressions que sa présence faisoit sur le cœur de ses peuples ; » le saint enthousiasme de ces âmes simples à la vue de leur » pasteur, l'admiration dont elles étoient pénétrées pour ses » vertus, les bénédictions dont elles le combloient, l'empresse- » ment, la confiance avec lesquels elles se prosternoient à ses

» pieds. Ouvrez-nous le cœur de ce bon pasteur, montrez-» nous les transports de sa joie, l'attendrissement de son âme, » l'affection avec laquelle il leur tendoit les bras, pour les re-» cevoir tous dans son sein [1] ! — Combien de fois ne l'a-t-on » pas vu, dit un autre, se transporter dans les maisons de ceux » qui, par leur vie scandaleuse, étoient la croix de leurs pas-» teurs ordinaires, et que souvent il a eu la consolation de faire » rentrer dans leur devoir [2] ! »

La tradition, encore actuellement conservée dans la mémoire des peuples qu'il a visités, vient confirmer les louanges des panégyristes. Il n'est pas une paroisse de l'ancien diocèse de Boulogne où l'on ne puisse trouver un vieillard qui redise, avec une affectueuse vénération, la haute impression que ce saint évêque produisait dans toutes les âmes, sa piété, son recueillement dans les fonctions de son ministère ; l'aimable condescendance avec laquelle il interrogeait lui-même, sur les questions du Catéchisme, les enfants que l'on présentait à la Confirmation; les éloges, les récompenses qu'il distribuait à ceux dont il avait été satisfait ; les ressources ingénieuses de sa délicatesse afin de ne pas être à charge à ceux de ses prêtres dont il recevait l'humble hospitalité, tout enfin, jusqu'à la simplicité de sa vie et la frugalité de sa table.

Il ne dédaignait pas, quand l'occasion s'en présentait, de baptiser quelque enfant pauvre, comme il fit à Samer en 1744, à l'égard du fils d'un cordonnier, à qui il imposa les noms de François-Joseph.

Mais ce qu'il ne faut pas oublier, c'est sa charité envers les

[1] *Oraison funèbre*, pp. 14 et 15.

[2] *Mandement des Vicaires-Généraux*, pp. 6 et 7.

pauvres. Il ne manquait jamais de s'informer du bien matériel qu'il pourrait faire dans la paroisse qu'il visitait. Les curés avaient charge de lui faire connaître s'il y avait des familles indigentes, des ménages honteux, des personnes hors d'état de gagner leur vie, des veuves, des orphelins qui eussent besoin d'être assistés.

Partout il laissait des traces de bienfaits, dont on a conservé longtemps le souvenir. Le pieux prélat donnait à l'ouvrier malheureux les instruments du travail, aux familles des campagnes les animaux domestiques qui les aident à vivre, la vache à la pauvre ménagère, le cheval au charretier, les étoffes pour vêtir celui qui était nu, des secours de toutes sortes, distribués pendant ses visites, et qui, suivant l'expression de ses panégyristes, se répandaient « jusqu'aux extrémités du diocèse. » Nous aurons tout-à-l'heure l'occasion d'y revenir, en parlant des mandements qu'il a publiés sur l'aumône.

CHAPITRE IX.

Mandements de Mgr de Pressy pour le Carême (1750-1789). — Jubilés. — Missions dans le diocèse. — Mandements sur l'aumône. — Charité du prélat.

Si fréquentes que fussent ses visites pastorales, elles ne satisfaisaient pas le désir immense qui sans cesse le sollicitait à parler à son peuple : *verbo docens et exemplo.* Si le devoir des curés de paroisse est d'enseigner leur troupeau, celui des évêques est d'enseigner tout le diocèse : et, comme il ne peut le faire de vive voix, il le fera par ses écrits, par tout ce qu'on a si justement nommé ses *Instructions pastorales.*

De nos jours, au commencement de la grande quarantaine où l'Église entière se prépare dans le jeûne et l'abstinence à célébrer les mystères funèbres de la Passion de son Dieu, la voix du premier pasteur se fait entendre dans toutes les chaires, afin d'y promulguer une fois de plus quelque grande vérité de la foi chrétienne. Autrefois, il n'en était pas ainsi. Mgr de Pressy est le premier qui ait introduit à Boulogne, l'usage de traiter à l'occasion du mandement d'abstinence un sujet secondaire de morale ou d'ascétisme. Si M. l'abbé Migne n'a réimprimé les mandements de carême de l'évêque de Boulogne qu'à partir de 1778, ce n'est pas que les écrits de ce genre qui ont été composés antérieurement soient sans mérite, mais c'est que la rareté de ces feuilles fugitives ne lui a pas permis de les connaître.

Nous avons été assez heureux pour les retrouver tous, sans interruption, jusqu'à 1750, et il nous semble utile de les passer sommairement en revue. Il est possible qu'il y en ait également pour les années antérieures, mais nous n'avons pu les rencontrer ; du reste, la perte en serait peu regrettable, parce que le Prélat n'y traitait que la question des obligations quadragésimales, si nous en jugeons par celui de 1751. Il débute par ces paroles : « Après vous avoir exposé plusieurs fois dans nos mandemens des années précédentes l'obligation et la manière de sanctifier le jeûne du carême, nous croyons ne pouvoir mieux faire dans celui-ci que de vous recommander l'assistance à la messe de paroisse ; » les années suivantes [1], il indique les dispositions avec lesquelles on doit assister à la célébration des saints Mystères, et aux Offices de l'Église.

Puis, successivement, il traite de la gravité du péché par rapport à Dieu et à l'homme [2], et des maux infinis qui en dérivent pour la société [3]. Mais bientôt son cœur parle : il prêche la confiance en la miséricorde divine [4], l'amour de Dieu, comme source de contrition, à cause de ses perfections infinies et de ses bienfaits sans nombre à notre égard [5]. Il revient ensuite sur la nécessité de la pénitence [6], de la prière, avec les dispositions requises, et il y consacre six instructions [7]. Enfin il rappelle les devoirs relatifs à la Confession, à la Communion pascale, et les moyens de les accomplir dignement [8]. La Passion du Sauveur et les sentiments que les souffrances de Jésus doivent inspirer au chrétien, font l'objet principal des mandements subséquents. Cette matière, attrayante pour son cœur, lui fournit un magnifique corps d'instructions. Nous souhaiterions bien de voir M. l'abbé Migne publier un supplément, dont son ambition d'éditer des œuvres très-complètes nous semble lui faire un devoir.

Nous ne devons pas quitter ce sujet, sans faire remarquer l'institution d'une dévotion nouvelle dans le diocèse : c'est la pratique du souvenir de la mort de N. S. J.-C., au moyen de la récitation de quelques prières, le vendredi à trois heures, au son de la cloche, usage qui subsiste encore parmi nous, et que Mgr de Pressy établit dans son instruction pastorale du 6 janvier 1776.

[1] 1752 et 1753.
[2] 1754-55.
[3] 1756.
[4] 1757.
[5] 1758, 1759, 1760.
[6] 1761.
[7] 1762-1767.
[8] 1768-1770.

Les mandements divers, publiés sur des sujets de piété par Mgr de Pressy, pendant la première période de son épiscopat, ont été déjà signalés, pour la plupart, à propos des œuvres que nous avons exposées. Nous n'avons encore rien dit des mandements de jubilé. Ces faveurs spirituelles, accordées par les Souverains Pontifes, lui donnent occasion d'exprimer quels sont les sentiments dont il est animé à l'égard du successeur de saint Pierre, la « vénération profonde » et « l'inviolable attachement » qui l'unissent et doivent unir tous les chrétiens « au Saint-Siége » Apostolique, à l'Église de Rome, qui est la mère, la maîtresse » de toutes les autres Églises, et le centre de la communion » ecclésiastique, en sorte que, selon saint Optat de Milève, *la » première marque de l'Église catholique est de communiquer » avec la chaire de Pierre ;* et que, selon saint Jérôme, *celui » qui mange la Pasque hors de cette maison est profane, » que celui qui croit amasser sans le Pape ne fait que dis- » siper*, et que, selon saint Léon, *celui qui aura osé s'éloigner » de la solidité de Pierre, doit tenir pour certain qu'il est » séparé des divins Mystères.* »

Pour mettre les fidèles à même de participer avec plus de fruit aux grâces du jubilé, il fit imprimer, dès l'année 1745, des instructions spéciales, en forme de catéchisme, les mêmes probablement que nous avons trouvées annexées à un mandement de 1751, et qui ne contiennent pas moins de 15 pages in-4°, y compris les Prières.

Pendant qu'il était à Paris en 1745, il avait songé à procurer à une partie de son diocèse le bienfait d'une mission. Le R. P. Duplessy, « si connu par l'ardeur de son zèle et par les succès prodigieux de ses travaux apostoliques, » ouvrit à St.-Pol, le 8 septembre, cet exercice religieux que l'évêque recommanda aux fidèles « de ces cantons. » Nous avons lieu de croire qu'il l'encouragea de sa présence, car les signatures de quelques mandements nous apprennent qu'il était à Équirres le 7 septembre et à St.-Pol le 24 et le 27 du même mois.

A l'occasion du jubilé de 1751, une mission fut aussi prêchée à Boulogne, le 22 août, et à Calais le 3 octobre. Il y eut beaucoup d'autres prédications de ce genre, dans tout le diocèse, pendant son long épiscopat. Son panégyriste dit à ce sujet : « Cette ville (de Boulogne) se rappelle encore les biens que » produisirent, dans des missions extraordinaires, des ministres » évangéliques qu'il avait appelés pour y prêcher la Pénitence » et réveiller les pécheurs de leur assoupissement. »

Son zèle et sa piété s'étendaient à tout. Citerons-nous ces mandements pour la reconstruction d'une église à Alger [1], pour la délivrance des Français captifs dans le Maroc [2], pour l'hospice des Quinze-Vingt [3], pour les besoins de la Terre-Sainte [4], et ceux qui avaient pour but de faire prier pour les besoins de la terre ?

Nous nous arrêterons de préférence à montrer l'effort de sa charité pour procurer des secours aux pauvres de son diocèse. Le divin maître qu'il faisait profession de servir, et dont il voulait être le parfait disciple aussi bien que le ministre fidèle, n'avait-il pas aussi, pendant les jours de sa vie terrestre, soulagé toutes les infirmités de l'humanité souffrante ?

Les plus grands saints, quelque durs qu'ils aient été pour eux-mêmes, ont montré la plus grande compassion pour les misères du pauvre. Leur pieuse et tendre charité s'attachait à sou-

[1] 1754.
[2] 1766.
[3] 1773.
[4] 1769-70.

lager les maux du corps, en même temps qu'ils travaillaient à sauver les âmes. C'est aussi ce qu'a fait Mgr de Pressy.

Connaissant par lui-même le besoin des familles nécessiteuses, il entretenait avec ses curés une correspondance active dans l'intérêt des malheureux. Un mandement « pour exciter les riches à l'aumône, et les pauvres à la patience et au travail, » fut publié par lui, à diverses reprises, notamment en 1757, 1762 et 1768, à l'occasion de la grande misère qui régnait dans les villes et les campagnes. On y voit la tendre sollicitude avec laquelle il se passionnait pour les indigents, et l'âme du « Père des pauvres » s'y peint tout entière. « Quelque ressem- » blant que fût, dit-il, le triste tableau qu'on pourrait vous tracer » de la désolante situation du moment, il n'égaleroit point le » pitoyable spectacle que présente à vos yeux l'affluence ex- » traordinaire des pauvres, que vous apercevez de toutes parts » mendians leur pain. Ce pain, qui est toute leur vie, de sorte » que celui qui les en prive est un homme de sang, leur man- » que, parce qu'il se vend trop cher pour que la plupart puis- » sent l'acheter aux prix de leur travail : ils se voient réduits, » pour ne point périr de faim, à la nécessité bien fâcheuse de » le demander. Leurs humbles supplications, leurs accens plain- » tifs, leurs gémissemens et leurs soupirs ne font que trop con- » noître le pressant besoin qu'ils ont, que des mains secourables » pourvoient à leur subsistance. » Il gourmande ces âmes de bronze, ces cœurs de fer, qui sont insensibles aux souffrances des pauvres. « Plutôt que de leur faire quelque part des mon- » ceaux de blés dont leurs greniers sont pleins, ou des amas » d'or et d'argent dont leurs coffres sont remplis, ils aiment » mieux sous de vains prétextes laisser les malheureux lan- » guir, pâtir, se désoler, se tourmenter, se désespérer, ou se

» porter à des larcins, à des incendies et à d'autres désordres qui » sont le fléau de la société et souvent le fruit de l'avarice. » Car, sans doute, ajoute-t-il, il y auroit moins de voleurs et » d'assassins, s'il y avoit plus de riches miséricordieux et moins » d'avares. » — « En vain, dit-il plus loin, objectez-vous que » plusieurs exagèrent leurs peines, ou qu'ils se contrefont pour » émouvoir la compassion : cela est vrai, vous répond saint » Chrysostôme ; mais à qui en est la faute, qu'à vous seul ? Si » les pauvres vous sçavoient porté à les secourir, ils viendroient » vous exposer sincèrement leur situation et ils seroient soula- » gés; mais parce qu'ils connoissent votre insensibilité, ils usent » de mille stratagèmes, et encore avec tous leurs artifices, ils » ne peuvent vous attendrir. »

Non content de prêcher si éloquemment le devoir de l'aumône, il en donnait lui-même l'exemple. Nous n'avons pu retrouver tous les documents nécessaires pour retracer d'une manière complète les bienfaits de l'évêque de Boulogne. Mais en voici deux, qui nous feront voir jusqu'où allait sa charité, et deviner quelles ont été ses largesses. C'est un avis en forme de lettre, adressé à un curé du Calaisis :

« A Boulogne le 14 juin 1757.

» C'est pour vous informer, Monsieur, qu'ayant acheté des provisions » de riz pour être distribuées aux pauvres de mon diocèse, je souhaite » que ceux de votre paroisse ayent part à ce secours. Prenez donc la » peine de charger une personne bien sûre d'aller en prendre la quantité marquée ci-dessus, et qu'elle porte un billet de vous où cette » même quantité soit exprimée. Il est fort à propos que vous n'en fassiez » pas la distribution dans une seule fois, mais à différentes reprises, » de semaine en semaine. Je désirerais fort procurer à vos pauvres un » secours plus abondant.

» Vous trouverez imprimé de l'autre part la manière de préparer le

» riz, et vous ferez bien d'en répandre plusieurs copies dans votre pa-
» roisse, afin d'en faciliter l'usage.

» Quant à la répartition du riz, qui doit être proportionnée au plus ou
» moins de besoins des familles indigentes, je la laisse à votre prudence
» et à votre équitable discernement, comme aussi le choix d'envoyer
» chercher, en une fois ou à diverses reprises, la totalité du riz destiné
» à vos pauvres. Je vous prie de leur recommander de prier pour feu
» mon Père, et pour Moi, qui suis sans réserve, dans l'amour de notre
» Seigneur, Monsieur, votre très-humble et très-affectionné serviteur.

† FRANÇOIS-JOSEPH, *Évêque de Boulogne.* »

Dix ans plus tard (1768), dans un mandement qui a échappé à nos recherches, il invita ses curés à lui envoyer directement à Boulogne, munis d'un certificat, les pauvres habitants des communes rurales qui auraient besoin de secours. Connaissant la charité du saint évêque, ils ne se firent pas faute de se rendre à son appel. On comprendra aisément que nous ne saurions préciser ni le nombre de solliciteurs, ni l'importance des secours distribués. Mais nous avons, à la date du 4 août de cette année-là, un certificat de Fr. Augustin Savary, prieur, curé de Bouquehault, qui recommande à M. Clément, aumônier de Mgr l'évêque, « le nommé Philippe F., manouvrier de sa paroisse, réduit à une grande misère, étant chargé de trois enfants et sa femme malade depuis deux mois, ce qui l'empêche de gagner sa vie; » et au bas de la pièce, restée comme signet dans un registre de l'évêché, on lit ces chiffres significatifs 4 l. 4 s. Combien de 4 livres 4 sols dans une année calamiteuse!

L'évêque dut cependant faire cesser ces pieux pèlerinages : la lettre suivante en dira les motifs.

« Boulogne, 17 janvier 1769.

» La lettre que j'ai écrite, l'année dernière, à Messieurs les curés,
» au sujet du soulagement des pauvres dans leur paroisse, n'a pas pro-

» duit tout le bon effet que j'en espérois et que j'avois lieu d'en attendre, au cas qu'ils se fussent conformés à ce que je leur avois marqué, » touchant le détail où je désirois qu'ils entrassent pour proportionner » les secours aux besoins, et pour faire servir l'aumône corporelle au » bien spirituel. Les billets d'un grand nombre d'entr'eux ne contiennent » pas ce détail, suivant le récit que m'en a fait mon aumônier, dont » les lettres écrites à plusieurs pour s'en plaindre ne les ont pas rendus » plus attentifs à suivre mes intentions. Ce motif, joint à ce qu'en conséquence de la déclaration du roi touchant les mendiants, le lieutenant de la Maréchaussée de cette ville m'a représenté qu'il serait » obligé d'arrêter nombre de pauvres, qui mendient en venant ici ou en » s'en retournant, me détermine à prendre d'autres mesures pour » soulager la misère de mes diocésains et à vous mander de ne plus » donner aucun billet aux pauvres de votre paroisse, si ce n'est dans » des cas extraordinaires, tels que l'incendie. Mon dessein est de donner » des secours plus abondants à vos pauvres, lorsque je visiterai votre » paroisse, et alors vous aurez soin d'en dresser un état détaillé conformément à ce qui est contenu dans ma lettre de l'année dernière. » Je suis avec considération et sans réserve, dans l'amour de notre » Seigneur, Monsieur, votre très-humble et très-affectionné serviteur [1].

† FRANÇOIS-JOSEPH, *Évêque de Boulogne.* »

Ainsi s'exerçait la charité du vénérable pontife, qui avait voulu comme le Sauveur, marquer d'un bienfait chacun de ses pas : *Pertransiit benefaciendo.* Nous avons vu plus haut, à propos des visites pastorales, comment il réalisa les promesses que nous venons de lire.

1 Ces deux pièces nous ont été communiquées par notre savant et dévoué collègue, M. H. J. DeRheims, bibliothécaire-archiviste de la ville de Calais, à qui nous devons aussi la connaissance de plusieurs mandements du prélat.

CHAPITRE X.

Mandements sur des sujets divers : — pendant la guerre de succession, à l'occasion de la naissance des princes et de la mort du Dauphin, père de Louis XVI. — Caractère de ces écrits.

Les mandements sur l'aumône nous ont conduit, par une transition naturelle, à faire le récit des œuvres de charité du prélat. Cependant nous n'avons pas tout dit sur la fécondité de sa plume et sur les inventions de son génie pour l'instruction de son peuple. Comme l'illustre archevêque de Paris, Christophe de Beaumont, Mgr de Pressy saisissait toutes les occasions qui s'offraient à lui pour rompre à ses enfants le pain de la parole. Il n'avait pas sur ce point l'exemple de ses prédécesseurs. Les ordonnances, qu'ils avaient souvent à promulguer aux fidèles, se bornaient au strict nécessaire. Nous pouvons répéter ici ce que nous avons déjà dit à propos des mandements de carême. A part quelques circonstances exceptionnelles, jamais les évêques précédents n'avaient eu tant de rapports avec leurs diocésains, pour les instruire et leur rappeler les saintes obligations de la vie chrétienne. Les grands évêques du XVIIe siècle, eux-mêmes, ont laissé peu de monuments en ce genre. De nos jours, cette parole des pasteurs retentit bien plus souvent jusqu'aux extrémités de leur diocèse, y portant les conseils, les exhortations, les avis, toujours un mot d'édification ou d'encouragement pour le prêtre et le fidèle.

Mgr de Pressy faisait, au XVIIIe siècle, dans son diocèse, ce que font aujourd'hui nos évêques. Dès le commencement de son épiscopat, il était entré dans cette voie. A l'occasion de la *Guerre de succession*, qui ensanglantait les contrées voisines de la France, depuis déjà deux ans lorsqu'il monta sur le trône épiscopal, il publia (1744-1747) vingt-cinq mandements, devenus très-rares et que nous avons retrouvés dans les archives de la ville de Boulogne.

Il y a quelque chose de glorieux pour la France dans cette série de victoires, de *Te Deum*, de solennelles actions de grâces ; quelque chose de touchant pour le cœur du chrétien dans cette suite de lettres écrites par le roi, au commencement de la campagne ou après chaque triomphe, surtout quand la voix émue de l'Évêque transmet au peuple fidèle ces désirs et ces joies du souverain, pour en faire remonter vers Dieu tout l'honneur, implorer sa protection dans le péril et le remercier dans le succès. Mgr de Pressy célèbre ainsi, l'un après l'autre, tous les heureux événements qui signalèrent cette guerre ; mais, à chaque fois, il en prend occasion de célébrer par dessus tout les douceurs de la paix. Enfant de cette noblesse qui est fille de la gloire, son cœur bat et tressaille au récit des combats qui apportent à la France de l'illustration : nos soldats sont invincibles ; « les retranchemens de Sture et de Château-Dauphin ne les ont pas arrêtés » (19 juillet 1744).

« Quelle intrépidité, quel excès de valeur nos troupes n'y » ont-elles pas fait paroître ? Ce n'est pas seulement de nombreux » bataillons, soutenus de la présence de leur souverain, qu'elles ont » eu à combattre ; mais encore des montagnes et des défilés qui » sembloient inaccessibles, des chemins bordés d'affreux précipi- » ces, des forts et des retranchemens entassés les uns sur les autres, » en un mot tous les obstacles de la nature et toutes les inven- » tions de l'art réunis ensemble : mais tant de prodigieuses » difficultés, loin de ralentir leur ardeur, n'ont fait qu'augmenter » leur courage, et, plus elles ont essuyé de résistance, de la part

» des ennemis, plus elles ont acquis de gloire d'en avoir triom- » phé [1]. » Ne dirait-on pas que ces lignes ont été écrites hier, à propos des plus récents lauriers cueillis par l'armée française?

Mais les exploits les plus éclatants, qu'est-ce que cela pour le prêtre? « Profitons de la grande et salutaire leçon que nous » fournit cet événement, pour confondre notre lâcheté et ranimer » notre courage dans le service de Dieu... Si la gloire humaine » et fragile s'achète par tant de travaux et de périls, il n'y a » rien que nous ne devions faire pour une gloire aussi infinie » que Dieu même et aussi durable que l'éternité. »

Cependant son cœur s'émeut à la pensée des malheurs qui accablent les peuples. « On n'entend parler que de combats et » d'animosité de nation contre nation, de roïaume contre roïaume; » les troupes sont en mouvement de toutes parts, les provinces » exposées sont dans l'effroi, des armées innombrables prêtes à » s'entredétruire couvrent la face de la terre et y répandent la » désolation et les autres maux qu'entraîne après soi la guerre. » Dans ces circonstances pouvons-nous ne pas sentir que l'hu- » manité et la religion nous sollicitent à lever nos mains et nos » cœurs au ciel, pour supplier le Père commun de tous les » peuples d'envoïer un ange de paix, qui enchaîne le démon de » la discorde, concilie les intérêts opposés, dissipe les ombrages » et réunisse les cœurs de tant de souverains divisés [2]?

» A Dieu ne plaise, s'écrie-t-il ailleurs, que nous cherchions » une source de joye publique dans les horreurs de tant de » sang répandu, ou dans les larmes de tant de familles désolées, » et que nous soyons plus éblouis du succès de nos armes que

[1] *Te Deum*, pour la prise de Château-Dauphin, 26 août 1744.

[2] *Te Deum* pour la prise de Furnes, 27 juillet 1744.

» touchés des affreuses calamités de la guerre, toujours onéreuse » et funeste à tous les peuples armés, puisque les uns déplorent » le malheur de leurs pertes et les autres gémissent sous le » poids des charges [1] ! »

Ses plus ardentes inspirations sont pour la paix, « cette paix » si désirable et si désirée, pendant laquelle chacun, assis, » comme parle l'Écriture, à l'ombre de sa vigne et de son figuier, » jouit, sans inquiétude et avec joye, du doux fruit de ses travaux » ou du précieux héritage de ses pères [2]. » Voilà ce qu'il salue de ses espérances, voilà ce qu'il demande à Dieu dans l'effusion de son zèle : « Seigneur, Dieu tout-puissant, laissez-vous tou- » cher au pitoyable spectacle que les malheurs de la guerre » offrent à vos yeux. Déconcertez les nations qui veulent la » guerre ; déconcertez-les, non pour leur ruine, que nous n'a- » vons garde de souhaiter, mais pour leur réunion avec nous, » qui serait la prospérité commune. Dictez vous-même du haut » de votre trône céleste, une paix qui dissipe tout ombrage, qui » guérisse toute jalousie, qui concilie tous les intérêts, et qui » fasse souvenir toutes les nations qu'elles ne sont que les bran- » ches d'une même famille, dont vous êtes le père et dont tous » les enfants ne devraient être entr'eux qu'un cœur et qu'une » âme [3]. »

Ce sont les péchés des peuples qui provoquent ainsi la guerre ; si l'on veut avoir la paix avec les hommes, il faut « faire sa paix avec Dieu. » De là des enseignements pour ses diocésains. Il les tire de partout, les amène à propos ; et sa parole toujours

[1] *Te Deum* pour la victoire de Rumignies, 23 mai 1745.

[2] *Te Deum* (prise de Fribourg) 9 décembre 1744.

[3] *Prières publiques*, 13 mai 1745.

inspirée par les saintes Écritures, semble la voix des prophètes, tant elle est imprégnée du souffle divin. Ce caractère se remarque dans toutes les circonstances où la naissance d'un prince, la mort de quelqu'un des membres de la famille royale, lui fait prendre la plume pour solliciter des prières ou des actions de grâces.

En 1750, la naissance d'une princesse, Marie-Zéphyrine, premier enfant sorti du second mariage du Dauphin, est pour lui le sujet d'une vive allégresse; mais il voudrait saluer un héritier de la couronne; il attend un autre saint Louis, qui soit le soutien de la monarchie et l'appui de la religion, « pour conserver et » augmenter, avec le sceptre de l'équité, dans la maison ré- » gnante, la splendeur de l'Empire François, le bonheur de la » Nation, et le don inestimable de la Foi. » L'année suivante il acclama Louis-Xavier, duc de Bourgogne : « Croissez et fruc- » tifiez en grâce, illustre rejeton d'une si excellente tige, » et puissiez-vous faire un jour le bonheur de la France ! Crois- » sez à l'ombre du trône, et soutenu des regards, des conseils » et des exemples de bonté du plus chéri des Rois; fleurissez, » portez des fruits comme le rosier planté sur le bord des eaux; » épanouissez-vous comme le lys, et découvrez chaque jour » l'éclat naissant de vos royales qualités; que leur parfum se » répande comme l'odeur du Liban. Soyez l'espérance des » Peuples, l'honneur de la Nation, l'ornement de la Cour, la joye » de votre ayeul, l'amour de notre Dauphin, la gloire de votre » auguste mère; mais surtout soyez l'appui de la religion chan- » celante, la consolation de l'Église, la terreur de l'impiété, le » fléau de l'injustice, le soutien de l'innocence et le modèle des » mœurs publiques. »

Cette préoccupation de voir dans le Roi l'appui de l'Église et *l'évêque du dehors*, comme on disait autrefois, lui revient sans cesse à la pensée. C'est que l'Église, tristement et sourdement persécutée par les pouvoirs de l'époque, avait besoin de voir se relâcher les liens qui comprimaient sa liberté. Nous dirons tout à l'heure quelles étaient les causes de cette oppression et comment l'évêque de Boulogne essaya d'y porter remède et de travailler à changer un peu la situation sous ce rapport.

La naissance du duc de Berry, Louis-Auguste, qui, après la mort de ses deux aînés, les ducs de Bourgogne et d'Aquitaine, devint héritier de la couronne, et régna plus tard sous le nom de Louis XVI, lui inspire les mêmes sentiments : « Dieu assure » par là de plus en plus le bonheur de l'État et le triomphe de » la religion, en affermissant la couronne dans cette race auguste » qui depuis près de huit cents ans (Bossuet disait douze, en » parlant de la monarchie française tout entière) se voit seule » dans tout l'Univers non-seulement toujours régnante, toujours » assise sur le plus illustre trône de la Chrétienté [1], mais encore » toujours catholique, toujours protectrice de la foi orthodoxe, » sans laquelle il est impossible de plaire à Dieu. » Il exhorte ensuite son peuple à aimer la foi de ses pères, cette foi qui faisait le plus bel ornement de la monarchie française.

Plus tard, quand la naissance du comte de Provence, Louis-Stanislas-Xavier, qui fut Louis XVIII, vint donner à la monarchie un nouveau gage d'espérance pour l'avenir, Mgr de Pressy

[1] Hélas ! combien ces réflexions ne sont-elles pas cruelles et poignantes, quand on songe que celui qui les a provoquées, devait être en quelque sorte le dernier de cette race ; qu'après lui elle ne serait plus ni *régnante*, ni *assise sur le trône !* La royauté française ne devait sa stabilité qu'à la sainte Église de Dieu ; pourquoi faut-il qu'elle ait eu le malheur d'ébranler cet appui séculaire ?

en prit occasion de louer la sagesse de Dieu, admirable dans ses œuvres et dans ses bienfaits sur les peuples. « Puisse le nouveau » prince la choisir, pour en faire le flambeau de sa conduite, en » sorte que nous ayons un jour la satisfaction de voir vérifier » en sa personne les paroles que l'Écriture-Sainte met dans la » bouche du plus sage des Rois : J'ai aimé la sagesse ; elle me » rendra illustre, les princes m'admireront; elle me fera paroî- » tre plein de sagacité dans les affaires, de bonté pour les peu- » ples, d'équité dans mes jugemens, de prudence dans mes » actions. »

L'année 1757 vit naître Charles-Philippe, comte d'Artois (Charles X). L'éloquent évêque appela encore les bénédictions du ciel sur ce « nouveau rejeton d'une tige si féconde, plus de » sept siècles, en fruits de gloire, de libéralité, de magnificence ; » il évoque le souvenir de Robert Ier, frère de saint Louis, « que » son courage dans les combats, son amour pour les peuples » firent surnommer *le Bon et le Vaillant.* » On dirait un pressentiment du caractère chevaleresque et bon qui a distingué le dernier roi de cette race célèbre.

Nous avons pensé qu'on prendrait quelque intérêt à ces religieuses acclamations, par lesquelles l'évêque de Boulogne exprimait son dévouement pour la France et pour les Souverains, envers lesquels « tous les cœurs étoient pénétrés des plus vifs sentimens d'amour, de soumission, de fidélité. »

Ces sentiments éclatèrent dans tout leur jour, lorsque les funèbres nouvelles de la mort du Dauphin, en 1765, de la Reine, en 1768, et du Roi, en 1774, vinrent mettre la France entière dans le deuil. La mort du Dauphin prend sous sa plume le caractère d'une punition du ciel, pour les vices de la société. « Si Dieu a retiré à la France l'espoir d'un bon prince, dont la

» la piété exemplaire confondoit l'irréligion du siècle, » c'est « la multitude des outrages commis dans le Roïaume contre la » majesté divine qui en a été la cause. Le Seigneur, jaloux de » sa gloire, s'est montré, depuis nombre d'années, à la France, » comme un Dieu vengeur. Les calamités d'une guerre ruineuse, » l'intempérance des saisons, la cherté des vivres, le poids des » charges publiques, ont été la punition du mépris scandaleux » de son culte, des ses loix, de ses mystères, de ses ministres. » Déjà le fantôme de la Révolution l'épouvante et se dresse sinistre devant ses yeux effrayés. On a cité des paroles prophétiques prononcées dans une chaire de la capitale ; écoutons l'évêque de Boulogne : « Si, sourds à la voix de la grâce divine, nous conti-» nuons d'endurcir nos cœurs et de combler la mesure de nos » crimes, ne l'obligerons-nous pas à mettre aussi le comble à ses » châtimens et d'envoyer sur ce roïaume, suivant le langage d'un » prophète, les tempêtes de la famine, les horreurs de la guerre » ou de la peste, les affreux désordres de l'anarchie, ou de la » rebellion contre l'autorité légitime, ou de l'abomination de la » désolation dans le lieu saint par les sacriléges attentats de » l'hérésie et de l'irréligion? »

Toujours il fait ressortir ainsi l'origine et les conséquences des maux qui atteignent la nation. Tous les mandements qu'il a écrits pour provoquer des prières publiques, à l'effet d'assurer la conservation des biens de la terre, partent de ce principe que Dieu est irrité contre nous à cause de nos fautes, et qu'il veut nous punir, si nous ne revenons à lui. Il sent la main du Seigneur s'appesantir graduellement; il devine l'orage, il en voudrait conjurer les sinistres menaces. Aussi peut-on dire avec vérité que ce n'est pas seulement la religion qui a guidé son zèle et donné l'impulsion à sa piété; mais que c'est encore un vrai patriotisme, l'amour du bien temporel des peuples, et la prospérité de toute la France. C'est, du reste, au service de cette cause qu'il a consacré la dernière année de sa vie et les derniers efforts de son âme; c'est en travaillant à éclairer l'Assemblée de 1789 sur ses devoirs, et à diriger le mouvement politique dans la voie du patriotisme véritablement religieux et national, qu'il mourut, brisé par de fatigants labeurs et la tension de l'esprit, plutôt que par la vieillesse : *senio minus quam labore et animi contentione attritus*, comme le dit si bien M. Clément, son secrétaire, dans une inscription composée en son honneur [1].

CHAPITRE XI.

Conduite de Mgr de Pressy à l'égard des Appelants. — Mandement pour la naissance du duc d'Aquitaine, condamné par le Parlement. — Lettre au Procureur-Général du Parlement, également condamnée (1753-1754).

Nous avons dit, à l'occasion d'un fait qui s'est passé lorsque Mgr de Pressy n'était encore que grand-vicaire, quel était l'état du diocèse de Boulogne par rapport au jansénisme. Dans les premières années de son ministère pastoral, Mgr de Pressy fut dans l'obligation de suspendre quelques curés, dont l'opposition

[1] *Registre du secrétariat de l'évêché de Boulogne*, n° 20 (dans la bibliothèque de M. l'abbé Haffreingue).

aux lois de l'Église n'était que trop manifeste. Il paraît avoir peu cherché à les découvrir, aimant mieux la paix que la dispute. Cependant il ne pouvait tolérer le scandale de leur révolte, dès qu'elle devenait publique. Le nombre des appelants était au reste fort restreint, et l'on n'en comptait guères plus de quatre en 1749.

Çà et là, quelqu'un d'entre eux se démasquait. Tel fut Pierre Friocourt, curé d'Alincthun, qui, en donnant les derniers sacrements à Pierre Rohart, curé de Balinghem (17 avril 1747), fit connaître les sentiments dont il était animé contre la Bulle; et, par son opiniâtreté, mérita d'être exilé de sa paroisse [1]. L'évêque le fit reléguer en différents endroits, et enfin dans l'abbaye de Blangy.

On trouve dans les *Nouvelles ecclésiastiques* d'abondants récits sur ces matières : mais, malgré les haines virulentes qui conduisent la plume du rédacteur, on reconnaît la charité de l'évêque de Boulogne. S'il punit, c'est que sa conscience le lui commande; s'il fait usage des lettres de cachet et de l'assistance du pouvoir civil, c'est que la législation lui met ces armes en main. Les jansénistes peuvent le calomnier et l'insulter : l'historien impartial ne doit point s'associer à ces clameurs.

Le pieux évêque témoigna de la bonté et de la compassion au vieux curé de Saint-Liévin, Hugues Lagache, confiné dans le Séminaire [2], depuis 1730; il accourut, mais trop tard, au lit de mort du curé de Balinghem; il alla trouver Friocourt, pour tâcher de le ramener à de meilleurs sentiments. « Les larmes mêmes ne furent pas épargnées [3], » dit sèchement le sec-

[1] *Nouvelles ecclésiastiques*, année 1747, p. 127.

[2] Les mêmes, année 1749, p. 205.

[3] Année 1775, p. 25.

taire : que veut-on de plus? Le prêtre catholique n'a point mission pour réformer son Évangile : il ne peut transiger sur les articles de foi.

Mais laissons tous ces détails particuliers, qui pourraient nous conduire hors des limites que nous nous sommes tracées; nous ne faisons pas, comme les *Nouvelles ecclésiastiques*, la vie des saints d'un parti.

La fureur de la secte était grande, contre « ce pauvre dio-» cèse où désormais il ne restait plus en place que deux appe-» lans, tellement il avait été ravagé d'abord par M. Henriau, » ensuite par ses deux successeurs, PRESQUE aussi méchans » que lui [1]. » Ce qui animait davantage les colères, c'était le refus des sacrements.

Tous ces disciples de la grâce avaient grand soin de dissimuler leur conduite, afin de rester dans l'Église, malgré l'Église. Luther était plus franc : si le pape l'excommuniait, lui, à son tour, excommuniait le pape. Nos Quesnellistes n'agissaient pas ainsi. Cela faisait l'affaire du pouvoir qui, depuis longues années, mettait la main sur les libertés de l'Église. Affectant de ne voir dans le jansénisme qu'une querelle domestique, il pratiquait ainsi le *divide ut imperes*.

Les évêques réclamaient. Vingt et un prélats, auxquels soixante autres ne tardèrent pas à s'associer, firent parvenir leurs représentations au pied du trône. Mgr de Pressy, au rapport de M. Picot [2], fut un de ceux qui combattirent en cette circonstance pour la liberté de l'Église (1752). Mais bientôt, n'y

[1] Année 1747, p. 128.

[2] *Mém. pour servir à l'Hist. ecclés. du XVIIIe siècle*, édition 1816, t IV, p. 504.

pouvant plus tenir, effrayé des menaces de l'impiété qui marchait tête haute, et qui sapait les fondements de l'ordre social, indigné contre les misérables subterfuges et les odieux procédés d'une secte insupportable, il dénonça le péril à ses diocésains.

En parlant des mandements du prélat sur des sujets politiques, nous avons fait remarquer combien il insiste sur le devoir de protection que l'État chrétien doit à l'Église. Nous allons maintenant citer une pièce, que nous avons omise à dessein, afin d'en parler ici avec toute l'étendue qui lui convient : c'est le mandement du 22 septembre 1753, à propos de la naissance du duc d'Aquitaine.

« Voici, dit le prélat, un présent inestimable que la Reine » des Cieux vient de faire à la Terre, le jour qu'on y célébroit sa » glorieuse Nativité, qui, comme le chante l'Église, a annoncé » la joye à tout l'Univers par le triomphe de la vérité qu'elle » seule y a fait prévaloir sur toutes les erreurs. Voici un pré- » cieux gage de la protection dont elle continuera de favoriser » ce roïaume, en y exterminant les monstres de l'hérésie et de » l'irréligion, qui s'efforcent d'y fixer leur demeure et d'y établir » leur funeste empire. Autrefois, ils n'osoient y paraître, et saint » Jérôme remarquoit de son temps qu'ils n'y avoient pas encore » pris naissance. Mais aujourd'hui, ils ont l'audace l'un et l'au- » tre d'y lever publiquement l'étendart de la révolte contre toute » autorité divine et humaine. L'un renouvelant les impiétés, les » horreurs de Julien l'Apostat, y publie hautement des blasphê- » mes exécrables contre l'Évangile éternel, contre le Seigneur » et son Christ. L'autre, bravant les décisions et les anathêmes » des pontifes, y soutient opiniâtrément des principes aussi sédi- » tieux qu'erronés contre une loi solennelle de l'Église et de » l'État, principes d'indépendance, qui n'attaquent pas moins la

» majesté du Trône que la sainteté de la Tiare, et qui, contraires » également aux devoirs et de catholique et de sujet, tendent » à ne plus reconnoître ni Pape ni Roy. Où en seroit la Reli- » gion, et que deviendroit l'État monarchique, si les partisans » de ces pernicieux et détestables principes osoient impunément » mépriser les puissances les plus respectables et fouler aux » aux pieds les droits les plus sacrés des oints du Seigneur ? » Outrager ainsi les ministres du Très-Haut n'est-ce pas ou- » trager le Très-Haut lui-même ? »

» Réjouissez-vous donc dans le Seigneur, vous, âmes fidèles » et droites, qui vous faites gloire d'honorer et d'aimer vos » pasteurs et d'obéir, dans les causes de la religion, au Vicaire » de Jésus-Christ et aux successeurs des apôtres;..... vous qui » joignez à l'amour naturel aux Français pour leur prince, une » soumission respectueuse pour cette autorité suprême, qui ré- » side tout entière dans la personne du souverain, forme le ca- » ractère essentiel de la monarchie et en maintient depuis tant » de siècles la splendeur et la félicité...... Rendez grâces à Dieu » du nouveau trésor qu'il vient de nous confier, pour perpétuer » notre bonheur, en asseurant de plus en plus le sceptre dans » la famille royale, et y conserver d'âge en âge le précieux » trésor de la foy, qui a toujours été le plus ferme appui du » trône, et dont le trône réciproquement a toujours été un des » plus forts soutiens.

» Depuis le temps que Clovis, miraculeusement converti à la » religion chrétienne, s'est rangé sous la discipline de saint » Remy, suivant l'expression d'un savant prélat [1], qui, dans le » dernier siècle, a été la lumière et l'ornement de l'Église

[1] Bossuet.

» gallicane, nos rois n'ont jamais manqué d'écouter leurs évê- » ques orthodoxes. L'empire romain vit succéder au premier » empereur chrétien un empereur hérétique. Le règne de leurs » successeurs a été souvent déshonoré par de semblables dé- » sordres. Mais, pour ne point reprocher aux autres roïaumes » leur malheureux sort, contentons-nous de dire avec humilité » et actions de grâces, que la France est le seul roïaume qui » jamais, depuis tant de siècles, n'a vu changer la foi de ses » souverains. Elle n'en a jamais eu, depuis près de treize cens » ans, qui n'ait été enfant de l'Église catholique. Le trône roïal » est sans tache et toujours uni au Saint-Siége. Il semble avoir » participé à la fermeté inébranlable de cette Pierre, parce que » les princes qui y ont été assis n'ont pas manqué d'accomplir » les oracles des prophètes que les *rois viendront les yeux* » *baissés vers la terre se prosterner* devant l'Épouse du Fils » de Dieu; que, loin de la dominer et de lui faire la loi, ils » baiseront la *poussière de ses pieds, qu'ils adoreront les* » *vestiges de ses pas, qu'ils marcheront à la lumière de* » *sa splendeur*, et que n'osant parler devant elle, *ils ferme-* » *ront la bouche pour l'écouter*. C'est ainsi que notre sage » monarque, plus soumis, ainsi qu'il l'a lui-même déclaré solen- » nellement, aux décisions de l'Église que le moindre de ses » sujets, et notre religieux Dauphin, également docile aux ju- » gemens doctrinaux du Chef et du corps des premiers pas- » teurs, s'attirent les regards favorables du Roi des rois, et » obtiennent dans une postérité nombreuse les bénédictions » promises à ceux qui craignent le Seigneur [1]. »

[1] Nous avons vu, dans la bibliothèque de feu M. Dufaitelle, un exemplaire de ce mandement. Il en existe une copie, à Boulogne, dans les papiers de M. Abot de Bazinghen.

On ne peut trouver, ce semble, rien de plus beau pour la maison de Bourbon, que ces magnifiques éloges, qui sont l'écho des accents de Bossuet, aussi bien que la philosophie de l'histoire de France. Eh bien ! ces paroles sont séditieuses ; elles n'ont « aucun rapport » à l'objet pour lequel le mandement a été écrit. Il y a plus, « elles ne peuvent servir qu'à entretenir le feu des disputes qui excitent des troubles dans l'État. » Singulière position que celle où était alors l'épiscopat français, sentinelle qui a pour consigne de veiller à l'ordre public et qui est mise aux arrêts pour avoir crié : Qui vive ? C'est là ce qui eut lieu pour l'évêque de Boulogne.

Le Parlement était en exil, à cause de ses mutineries contre le pouvoir ; mais il restait une Chambre de justice, un procureur-général qui croyait qu'il était de son devoir de supprimer les mandements des Évêques « pour le maintien de la paix et de la tranquillité publique ! »

Aussi, « ouï le rapport de M. Maboul, maître des requêtes, » la Chambre a ordonné et ordonne que ledit imprimé (de » l'évêque de Boulogne) sera et *demeurera* supprimé ; enjoint » à tous ceux qui en ont des exemplaires de les apporter in- » cessamment au greffe de la Chambre ; fait défense de les » réimprimer, vendre, distribuer, débiter ni colporter, sous telle » peine qu'il appartiendra [1]. » L'arrêt ne s'était pas fait attendre : il est du 5 octobre.

Grande nouvelle pour la gazette janséniste ! Elle ne se sent plus de joie. Comme elle tourne et retourne en tous sens les phrases du mandement, où peut s'accrocher une critique, une

[1] Il y a une copie manuscrite de cet arrêt dans la bibliothèque de M. Abot de Bazinghen.

insinuation, un sourire ; comme elle jouit de voir qu'en l'absence du Parlement, la Chambre des vacations, une chambre postiche *(sic)*, ait eu l'audace de frapper ce grand coup ! Combien aurait-elle encore mieux mérité de la patrie, si elle avait fait plus que supprimer ce « composé d'inepties, de fades adulations, » de calomnies atroces, de principes faux, d'abus des saintes » Écritures, ce *tocsin* épiscopal [1]. » Il aurait fallu sans doute emprisonner l'auteur ?

Le rappel du parlement qui eut lieu en 1754, fut l'occasion d'une nouvelle *déclaration* royale ordonnant le « silence sur les matières contestées, » et portant amnistie pour tous les schismatiques sentenciés et décrétés. Dès lors, le pouvoir prit plus ouvertement que jamais fait et cause pour les jansénistes; on punit arbitrairement les prêtres, coupables d'avoir refusé le saint viatique aux appelants; on requit, au nom de la loi, l'administration des sacrements aux malades.

De sa prison de Blangy, Friocourt, qu'on menaçait de priver des sacrements, même à la mort, trouva, disent les *nouvelles*, le moyen de faire parvenir ses plaintes à Paris. Friocourt mourut le 22 septembre, réconcilié avec l'Église, d'après l'*ordo* du diocèse, toujours révolté, d'après les *nouvelles* [2] ; mais déjà, deux jours auparavant, (20 septembre), la chambre des vacations avait donné ordre au Lieutenant-criminel de Boulogne, d'aller informer sur les lieux contre « les prétentions schismatiques de l'évêque [3]. »

Le conseil d'état d'Artois fit la même injonction au Lieute-

[1] *Nouvelles ecclésiastiques*, année 1753, pp. 190 et 191.

[2] Les mêmes, année 1755, p. 48.

[3] Ibid, p. 25.

tenant-général de Saint-Pol : toute la justice fut mise sur pied, comme pour un malfaiteur.

Aussitôt que Mgr de Pressy en fut averti, il écrivit au procureur-général du parlement une lettre, qui fut rendue publique et que nous citons tout entière. On y verra combien les âmes les plus douces et les plus conciliantes savent trouver de fermeté lorsque les grands intérêts de l'Église sont compromis.

« A Boulogne, 1er octobre 1754.

» Monsieur,

» La candeur dont je ne fais pas moins profession que M. l'évêque » d'Amiens, m'engage à vous mander, comme l'a fait ce saint prélat, » que toutes les fois que le Parlement voudra être instruit de ce que » je fais ou écris, il pourra, en s'adressant à moi, s'épargner la peine » d'une information en règle. La sincérité chrétienne et la fermeté » apostolique, dont je souhaite avec la grâce de Dieu de donner des » marques constantes jusqu'au dernier soupir de ma vie, ne me permettent jamais les moindres dissimulations, dussai-je m'attirer les » plus grandes peines.

» Je vous déclare donc, Monsieur, que j'ai envoyé à Dom Benoît » Potel, prieur de l'abbaye de Blangy, la copie fidèle d'un procès-» verbal qu'il a remis entre les mains de M. d'Halinghen, lors de l'in-» formation ordonnée par la chambre des vacations. Je la lui ai en-» voyée, parce que je désirois, comme je le désire encore, que si, pour » avoir suivi les règles du saint ministère et l'usage observé depuis » nombre d'années dans ce diocèse à l'égard des curés morts appe-» lants, il y a quelques persécutions à essuyer, elles retombent tout » entières sur moi, et nullement sur ceux qui ont exécuté ce que je » leur ai prescrit. La croix que j'ai l'honneur de porter ne me permet » pas d'oublier que je dois être prêt à tout souffrir pour la religion ; » et je m'estimerois heureux de sacrifier mes biens, ma liberté, ma » vie même, pour la défense d'une cause qui n'est pas seulement celle » de tout l'épiscopat, mais encore celle de toute l'Église, celle du plus » auguste des Sacremens, celle de Jésus-Christ même. Cette cause

» est d'ailleurs du nombre de celles dont la connoissance appartient » aux juges d'Église, selon l'art. XIV de l'édit de 1695, lequel ordonne » aux cours du Parlement de leur laisser et même de leur renvoyer con- » noissance. Il est vrai qu'en cela j'ai la douleur de combattre la nou- » velle maxime du Parlement, pour lequel j'ai un profond respect. » Mais cela même, en écartant toutefois de cette comparaison ce » qu'elle peut avoir de trop fort et d'odieux, me rappelle et me fait » adopter cette belle réponse du chancelier Morus : qu'il se défieroit » de lui-même, s'il étoit seul contre le Parlement ; mais que, s'il avoit » contre lui le grand Conseil de la Nation, il avoit pour lui toute » l'Église. M. Bossuet, qui rapporte ce trait dans son excellent livre » des *Variations*, observe que de vouloir faire dépendre l'autorité » ecclésiastique de la séculière, c'est la plus scandaleuse de toutes les » flatteries, c'est un attentat qui révolte tout cœur chrétien ; c'est, » ajoute-t-il en termes formels, mettre en pièces le christianisme et » préparer la voie à l'antéchrist. On doit laisser aux évêques, dit-il » ailleurs, l'autorité tout entière dans les causes de Dieu et dans l'in- » térêt de l'Église, puisque en cela l'ordre de Dieu, la grâce attachée » à leur caractère, l'Écriture, la Tradition, les anciens canons, les loix » parlent pour eux [1]. Ainsi s'exprimoit M. Bossuet, ce sçavant prélat, qui » a été une des plus brillantes lumières de l'Église de France, et dont » les sentimens sur cette matière doivent être d'autant moins suspects, » que personne n'ignore qu'il a été un des plus zélés défenseurs de nos » libertés, de nos maximes et de l'indépendance de nos Rois sur le » temporel. On pourra m'opposer le silence prescrit par la dernière » déclaration du Roy ; mais vous sçavez, Monsieur, que, suivant celle » de 1730, ce silence qui concerne l'obéissance due à la Constitution » *Unigenitus*, comme à un jugement de l'Église universelle en matière » de doctrine, ne s'étend pas aux premiers pasteurs que le St-Esprit a » choisis pour gouverner l'Église, et qui sont chargés de prêcher sur » les toits les vérités de l'Évangile. Si on entreprenoit de leur fermer » la bouche, ne seroient-ils pas obligés de répondre, comme les apôtres » en pareil cas : il faut plutôt obéir à Dieu qu'aux hommes ? Héritiers » de leur caractère et de leurs fonctions, mes collègues et moi, nous

[1] Ce passage est reproduit dans l'*Instruction sur les avantages de la Foi*, édit de 1788, p. 18, n. 1.

» devons comme eux exhorter dans la saine doctrine et reprendre de-
» vant tout le monde ceux qui la contredisent. S'il nous en coûte des
» reproches et des persécutions, nous en ferons comme eux, avec le
» secours de Dieu, notre gloire et nos délices [1]. »

Cette lettre eut le même sort que le mandement de l'année précédente. Un arrêt du 30 décembre la supprima, comme « contraire à l'obéissance due par tous les sujets du roi indis-» tinctement, à la déclaration du 2 septembre [2]. » Ainsi, l'Église de France, qui avait accordé au pouvoir tant de prérogatives, sous le prétexte de *libertés gallicanes*, commençait à recevoir le prix de ses imprudentes concessions. « Qu'est-ce que l'épiscopat, dit éloquemment Bossuet, lorsqu'il se sépare de l'Église qui est son tout, aussi bien que du Saint-Siége qui est son centre, pour s'attacher contre sa nature, à la royauté comme à son chef [3] ? » C'est là que tendait le gallicanisme ; et c'est bien là aussi ce qui a fait qu'il se meurt, et ne compte plus que de rares adhérents.

[1] Cette lettre, citée dans les *Nouvelles*, a été livrée par les jansénistes à un soi-disant théologien, qui en fit l'objet d'une censure assez fade, colportée au profit des idées du parti. Nous en avons rencontré un exemplaire à Paris, dans la bibliothèque de Sainte-Geneviève, sous la cote D. 1580 [134].

[2] *Nouvelles ecclésiastiques*, année 1755, p. 25.

[3] *Oraison funèbre de la reine d'Angleterre.*

CHAPITRE XII.

Mgr de Pressy à l'Assemblée du Clergé, en 1745 et 1760. — Il rallie les Évêques de France aux sentiments du Saint-Siége. — Ses travaux à cette occasion.

Nous venons de voir Mgr de Pressy lutter énergiquement pour la défense de la liberté de l'Église, mais seul, isolé de ses collègues. La division s'était mise dans l'épiscopat français, où l'on comptait encore beaucoup d'âmes timides, et même (oserons-nous le dire?) des âmes vénales. Pleins de défiance pour les instructions du Vicaire de Jésus-Christ, et craignant toujours quelque atteinte aux libertés gallicanes, les évêques n'avaient pas entre eux ce lien d'unité, qui aurait été nécessaire pour les maintenir dans la même voie, sous l'influence d'une commune impulsion.

Dans les trois derniers siècles, la France a joui d'une institution qui était de nature à faire beaucoup de bien ou beaucoup de mal, suivant la direction qu'elle aurait reçue ; nous voulons parler des *assemblées générales* du clergé.

Nées des troubles religieux du XVIe siècle, où l'*Ordre du clergé* s'est plusieurs fois réuni avec les deux autres *Ordres* de l'État pour délibérer sur la paix publique et les grands intérêts du moment, ces assemblées étaient convoquées par le pouvoir civil, afin de régulariser le vote des subsides que l'Église payait à la France. Quelquefois aussi, elles se réunirent dans le seul but d'agiter des questions religieuses, à l'instar d'un concile national ; c'est ce qui eut lieu, par exemple, en 1682. Presque toujours, après avoir parlé subsides et finances, les prélats assemblés s'occupaient incidemment des affaires religieuses ; et, au XVIIIe siècle, ce fut comme une sorte de parlement ecclésiastique, qui exerçait une grande action sur l'opinion.

En 1745, Mgr de Pressy fut député par la province de Reims, pour se rendre à l'Assemblée du clergé. Sa mission fut humble et modeste, si nous en jugeons par le peu qu'en a dit le procès-verbal. Il fut nommé membre de la commission, établie pour la vérification des dettes des diocèses, et chargé, avec un autre prélat, « de l'instruction des domestiques. » En outre, il présida, au nom de l'Assemblée, à la discussion d'une thèse proposée par le P. Dussaut, religieux Augustin ; et on le choisit pour aller témoigner à l'abbé Cazotte « la part que prenait la » compagnie à sa juste douleur à l'occasion de la mort de ma- » dame sa mère. »

Nous ne parlons que pour mémoire de ces faits, les seuls qui soient consignés au procès-verbal [1]. Quinze ans après (1760), Mgr de Pressy fut appelé à travailler d'une manière plus efficace au bien de la religion. L'assemblée de 1755 avait voulu dresser un manifeste sur l'autorité de la bulle *Unigenitus*, les refus des sacrements et les droits de la puissance ecclésiastique ; mais, les prélats n'ayant pu s'entendre, on avait écrit au Pape à ce sujet. Benoît XIV répondit par la publication de l'encyclique *Ex omnibus*, laquelle, malgré son évidente modération, ne satisfit pas les exagérés. L'assemblée de 1760 devait se prononcer sur tout cela. Une scission était à craindre, et il fallait tâcher d'amener les esprits à l'unanimité. Ce fut l'œuvre de Mgr de Pressy.

[1] *Collection générale des Procès-Verbaux des Assemblées générales du Clergé de France*. Paris, Desprez, 1775, t. VII, pp. 1864 à 2123.

Désigné avec son grand-vicaire, M. de Méric de Montgazin, par acte du 12 février 1760, pour représenter la province de Reims, Mgr de Pressy fut accueilli avec honneur, à l'assemblée. Il fut invité, tout d'abord, avec son grand-vicaire, à faire partie de la députation qui devait aller recevoir les commissaires du roi, venus pour complimenter la compagnie, de la part de Sa Majesté. Quand on forma les commissions, il entra dans celles des rentes arriérées, dans celles des archives, et dans la plus importante de toutes, celle de *la juridiction.*

L'évêque de Boulogne s'associa aux travaux de l'assemblée avec beaucoup de zèle sans doute, mais aussi avec la plus grande modestie. Le voile dont il a enveloppé les services qu'il y rendit à l'Église, a été peu soulevé par ses contemporains, et par ceux qui ont écrit sur l'histoire ecclésiastique du XVIIIe siècle. M. Picot, dans les mémoires érudits qu'il nous a laissés, se contente de dire que Mgr de Pressy « partagea les efforts de l'Assemblée contre les progrès de l'incrédulité [1]. » La *Biographie Universelle* n'est guère plus explicite. Cependant M. Coquatrix, dans une note de l'*Oraison funèbre* du prélat [2], et les vicaires-généraux, dans leurs mandement du 14 octobre 1789 [3], parlent « d'un ouvrage dont l'Assemblée *loua* et *approuva d'une voix commune la justesse et la solidité*, et qui, envoyé par son ordre à tous les évêques du royaume, ramena les esprits à l'unanimité, » sur la question qui les avait divisés en 1755. Il serait impossible de ne pas reconnaître à ces traits le travail anonyme, mentionné dans le procès-verbal, travail dressé « par

[1] Ouvrage déjà cité, édit de 1816, p. 504.
[2] P. 7, note 2.
[3] P. 3.

un prélat de la commission de juridiction, » transformée, par une résolution du 23 avril, en commission « des affaires de l'Église et de la religion. » Au reste, le prélat s'est dévoilé lui-même dans son mandement du 12 août 1789, où il rappelle nettement et explicitement le fait; et il s'était déjà laissé dévoiler l'année précédente par le théologien dont nous parlerons en traitant de ses œuvres philosophiques. Nous insistons sur la preuve de paternité, parce que de nos jours l'honneur a été attribué à un autre [1].

Il s'agissait d'accepter solennellement l'encyclique de Benoît XIV, dont le successeur, Clément XIII, demandait la publication. M. de La Rochefoucauld, archevêque de Rouen, lut à ce sujet le rapport de la commission, dans la séance du 14 mai. On était d'avis de recevoir l'encyclique; mais il fallait motiver cet acte, en déterminer d'une manière précise la véritable signification, et surtout le défendre contre les interprétations fausses que les libelles du parti ne manqueraient pas de lui donner. « Or, dit » l'archevêque de Rouen, un prélat de la commission, dont » nous respectons la vertu et dont nous connaissons les lumiè-» res, dans la vue de calmer ces alarmes et de ramener tout à » l'unanimité, s'est donné la peine de composer un ouvrage qui » a été communiqué au bureau de la juridiction : cet ouvrage » y a été lu, examiné et discuté avec la plus grande attention, » et la commission, *après avoir, d'une commune voix, loué* » *et approuvé* la justesse et la solidité des réflexions qu'il ren-» ferme, a cru qu'il développe dans tous les points qu'il traite, » l'esprit et le vrai sens de la lettre encyclique. »

[1] Voir la nouvelle édition des *Mémoires de M. Picot*, tome II, pp. 38 et 39.

Le mémoire anonyme de l'évêque de Boulogne est imprimé en entier dans le procès-verbal de l'assemblée, où il n'occupe pas moins de quatorze pages in-folio [1].

Notre intention n'est point d'entrer dans l'étude de ce document : disons seulement qu'on y remarque une grande modération de langage. C'est bien le style de Mgr de Pressy, ses idées, des phrases mêmes qu'on dirait copiées de ses mandements. « En suivant la route qui est tracée dans l'encyclique, dit-il, » on tient cet exact milieu que la raison et la religion approu- » vent. On ne pèche ni par défaut, ni par excès. On n'est ni » trop indulgent ni trop rigide. On n'expose ni le plus auguste » Sacrement à une profanation scandaleuse, en le donnant à des » réfractaires notoires, ni les personnes, auxquelles il ne doit » pas être refusé publiquement, à une diffamation injuste. On » montre un zèle inspiré par la piété, soutenu par la constance, » et armé de ce courage intrépide qui ne craint que le péché » et qui ne balance pas à déplaire aux hommes, plutôt que de » trahir les intérêts de Dieu; mais un zèle en même temps » éclairé par la science, guidé par la prudence et accompagné » d'un discernement judicieux de la diversité des délits et de » leurs circonstances ; un zèle, qui unit ensemble cette rigueur » médicinale, cette douceur terrible, cette charité sévère dont » parle saint Augustin (qui ne reconnaît, à ces mots, l'évêque » de Boulogne [2] ?) et cette louable discrétion, cette importante » sobriété de sagesse, que recommande l'apôtre ; union d'où dé-

[1] *Pocès-verrbal de l'Assemblée générale du clergé de France, en 1760.* Paris, Desprez, 1766, pp. 151-164.

[2] Voir, dans le chapitre suivant, l'extrait que nous donnons de son *Avertissement sur l'observation des Statuts, en 1764.*

» pend le succès du ministère, la consolation des ministres, » l'édification des fidèles, la guérison des plaies spirituelles, le » véritable repos des consciences, la sanctification des âmes, » l'honneur et le fruit de nos divins mystères. »

Il examine ensuite les vaines subtilités qu'on oppose à l'encyclique, « pour en attaquer le contenu, en corrompre le sens, » en éluder l'exécution; » puis il discute la forme de l'acceptation. Ce mémoire fit sur l'assemblée une sensation profonde. Elle décerna à l'archevêque de Rouen, pour son Rapport, et « *à l'ouvrage présenté à la commission et par elle approuvé,* » les justes éloges que l'un et l'autre méritent; » puis elle décréta que le procès-verbal de la séance, y compris par conséquent le Rapport de l'archevêque et le travail de Mgr de Pressy, serait envoyé à tous les évêques du royaume.

Quel que soit le soin que l'évêque de Boulogne ait pris de cacher sa bonne action, il est probable que dans l'assemblée on se murmurait à l'oreille le nom du prélat qui avait rédigé le mémoire pacificateur. C'est peut-être là ce qui a décidé la compagnie à le charger de rédiger les remontrances, qu'elle adopta dans sa séance du 12 juillet et qui avaient pour but de protester contre l'envahissement du pouvoir civil dans les affaires religieuses. Ces remontrances ont été publiées, envoyées à tous les évêques du royaume et assez bien accueillies par le roi. Mais, comme l'archevêque de Narbonne se trouve mêlé en quelque chose dans la rédaction définitive, nous n'osons pas déterminer quelle part y a prise Mgr de Pressy. Le procès-verbal, très-explicite lorsqu'il nous apprend que l'évêque de Boulogne fut « prié de dresser lesdites remontrances, » n'est plus aussi clair quand il dit plus loin que l'archevêque de Narbonne s'est « occupé de cette réclamation et en a fait part au bureau de » juridiction. »

Au reste, si Mgr de Pressy n'a pas rédigé cette pièce, il l'a signée, et à ce titre elle méritait une mention dans notre travail.

Nous ne ferons qu'indiquer les autres occupations de Mgr de Pressy dans l'assemblée ; son intervention dans une affaire qui concerne un différend de l'évêque de Senlis avec le Chapitre de cette église ; son rapport sur la vérification des archives et sur la table des procès-verbaux dressée par Bousquet ; l'offre qu'il fit d'une copie du procès-verbal de 1560, qui était aux archives de l'évêché de Boulogne et qui est aujourd'hui perdue. Ces détails sont minimes ; mais nous voudrions être complet.

La modestie dont l'évêque de Boulogne a fait preuve en cette circonstance nous permet de citer ici les paroles de son panégyriste : « Pour vous donner une juste idée de son humilité, » cet homme, l'honneur et la lumière de l'épiscopat, qui avoit » développé dans deux assemblées du clergé des talens et des » connoissances supérieures ; qui, dans des conjonctures délicates, » avoit su, par la sagesse de ses opinions, réunir les esprits et » empêcher, parmi les prélats, une division fâcheuse ; cet homme, l'ornement de son siècle, la gloire de l'Église gallicane, » se regardoit, à l'exemple de l'Apôtre, comme le dernier des » évêques. O mon Dieu ! quels sentimens votre grâce produit » dans les cœurs ! et si, suivant la pensée de saint Bernard, » l'humilité dans les honneurs est une vertu si belle et si rare, » quel en est donc le prix, lorsqu'aux dignités on joint tout ce » qui peut concilier l'estime et la vénération des hommes[1]. »

[1] *Oraison funèbre*, pp. 7 et 8.

CHAPITRE XIII.

Avertissement sur l'observation des statuts diocésains (1764). — Rétablissement des Conférences ecclésiastiques (1765). — Avertissement sur l'obligation d'instruire (1766), et sur les règles à observer en annonçant la parole de Dieu. — Jugement de l'évêque sur Bourdaloue et Massillon. — Mgr de Pressy en chaire.

Revenu dans son diocèse, après la clôture des opérations de l'assemblée, Mgr de Pressy continua ses travaux apostoliques. Nous avons déjà, par anticipation, et pour ne pas les séparer de celles dont elles dépendaient immédiatement, cité quelques-unes de ses œuvres qui appartiennent à cette époque, telles que les *Heures*, l'établissement de la *dévotion au Sacré-Cœur*, etc. Mais, entre l'assemblée de 1760 et la publication de sa première instruction pastorale sur l'accord de la foi et de la raison dans les mystères, il y a plusieurs travaux sérieux, concernant des matières de discipline ecclésiastique, dont nous devons rendre compte, et qui trouvent naturellement ici leur place. Nous parlerons plus tard de la tentative qu'il fit en 1763, afin d'établir une sorte de concours libre pour la collation des cures, cette œuvre n'ayant été définitivement constituée qu'en 1774.

A peine avait-il posé le premier acte de cet utile établissement, que, l'année suivante, il publia un *Avertissement sur l'observation des Statuts* (19 avril 1764).

« Quelque bien composé que soit en général le clergé de ce » diocèse, dit-il, il est difficile que, parmi tant d'ouvriers évan- » géliques, il n'y en ait quelques-uns qui se comportent mal. » On a beau, durant le jour, cultiver le champ du Père de

» famille, pour y faire croître le froment des vertus, l'homme » ennemi ne laisse pas d'y semer pendant la nuit l'yvraie des » vices. Il n'est point possible à ses Anges, c'est-à-dire aux pre» miers pasteurs, d'arracher toute cette yvraie, avant le tems » de la moisson; il leur est même défendu de l'entreprendre, » parce que le plus grand ennemi du bien c'est le mieux, trop » ardent destructeur du mal; et que le plus dangereux des abus, » c'est de vouloir les abolir tous à la fois : mais il leur est or» donné d'empêcher qu'elle ne s'étende, au point d'étouffer la » bonne semence. C'est dans cette vue, qu'informés de quelques » dérèglemens qui se sont glissés parmi vous, mes chers Frères, » et dont les progrès contagieux, si nous ne les arrêtions, de» viendroient funestes aux brebis, aux conducteurs mêmes de » notre troupeau, nous vous adressons les avis suivans.... Nous » les donnons moins avec l'autorité d'un supérieur, qui montre, » contre le désordre, une fermeté inflexible pour le maintien de » la discipline, qu'avec la tendresse d'un père qui avertit, re» prend dans un esprit de douceur ses enfans, ou d'un pontife » qui compâtit à la foiblesse de ses Frères, parce qu'il est en» touré lui-même d'infirmité. »

Pour maintenir le prêtre dans la discipline, il ne trouve point de meilleur moyen que d'en faire un homme d'étude et de prière. C'est à cette double source qu'il saura puiser « cet es» prit d'intelligence, de piété, de conseil, de gouvernement, qui » sçait concevoir, former, entreprendre, exécuter avec autant de » force que de suavité des desseins utiles à la religion, et se » faire tout à la fois craindre, aimer, obéir; unissant et mêlant » ensemble avec de justes proportions, relatives aux circonstan» ces des tems, des lieux et des personnes, cette bonté pater» nelle d'un cœur tendre, mais ferme, qui condescend à propos,

» compâtit sans foiblesse, pardonne sans trop d'indulgence; » cette gravité imposante d'un air noble, mais modeste, affable, » ouvert, qui fait qu'on se communique sans se familiariser; » cette rigueur médicinale qui punit sans dureté, cette douceur » terrible, cette charité sévère, dont parle saint Augustin; ce » zèle vif et courageux, ardent, mais discret, circonspect, » modéré selon la science et la sobriété de sagesse que recom» mande l'apôtre. »

Ces lignes nous paraissent la meilleure peinture qui se puisse faire du caractère de l'évêque de Boulogne ; en les traçant, Mgr de Pressy interrogeait son cœur, et c'est sur lui-même qu'il a pris le modèle qu'il propose à ses prêtres.

Il voulait qu'à la prière on joignît « la fréquente lecture des » livres saints, et l'étude journalière de la théologie.—Le désir » de vous y rendre plus appliqué nous a fait établir, l'année » dernière, le concours, auquel nous verrons volontiers, dit-il, » venir les curés, qui, pour des motifs de santé ou d'autres » raisons légitimes que nous admettrons facilement, voudront » changer de cure. Le même désir nous a fait former le dessein » de rétablir l'année prochaine, pendant les quatre ou cinq » mois de la belle saison, les conférences ecclésiastiques qui se » faisoient autrefois dans chaque district du diocèse. »

Nous aurions aimé à citer en détail quelques-uns des conseils paternels, des vives représentations que l'évêque de Boulogne adresse à ses Frères, dans cet *Avertissement ;* mais il le faudrait transcrire tout entier, et la nature de notre travail nous impose des bornes que nous ne devons pas franchir. Passons aux *Conférences.*

Ces réunions, dans lesquelles les prêtres d'un même doyenné étaient appelés à mettre en commun leurs lumières, pour la solution des questions théologiques, que leurs supérieurs leur indiquent, ont été établies à diverses époques dans plusieurs diocèses. Le concile provincial de Reims, tenu en 1583, avait statué que dans toute la province, dont Boulogne faisait partie, les doyens rassembleraient les curés de leur district, au moins deux fois l'an, à l'instar du synode épiscopal [1]; et cette décision du concile a été mise en exécution, un peu avant l'année 1630, sous l'épiscopat de Victor Le Bouthillier, par l'établissement de conférences ecclésiastiques proprement dites « de deux mois en deux mois [2]. »

Le *Gallia Christiana* [3] n'est donc pas exact, quand il attribue à Dominique Seguier, évêque de Meaux, la première institution des conférences ecclésiastiques en France [4], (1652); puisqu'elles existaient antérieurement dans le diocèse de Boulogne.

Il nous semble assez étrange que François de Perrochel, qui avait fait partie des conférences de St-Lazare et de St-Nicolas du Chardonnet, ait laissé tomber dans son diocèse cette sage institution. Peut-être doit-on en attribuer la cause aux guerres cruelles, qui ont dévasté le Boulonnais et l'Artois pendant son épiscopat. Quoi qu'il en soit, Ladvocat-Billiad les rétablit en 1679; mais on ne paraît pas s'en être occupé avec beaucoup de persévérance sous Le Tonnelier de Breteuil, à l'épiscopat de qui elles n'ont pas survécu; car celles qui se tinrent au

[1] *De synodo diœcesana*, art. 5. (Labbe, Concil., t. XV, col. 913).

[2] Statuts de V. Le Bouthillier, évêque de Boulogne, publiés en 1630.

[3] *Gallia Christiana, In Episcopos Meldenses*, t. VIII, col, 1655.

[4] *Primus Episcoporum Gallicanorum à clericis et rectoribus conventus collationesque ecclesiasticas fieri jussit.*

palais épiscopal, sous Pierre de Langle, n'avaient plus le même caractère.

Au temps de Mgr de Pressy, il n'en existait plus de trace et le zélé pontife avait résolu de les remettre en vigueur. Après avoir pris l'avis de ses curés et reçu leurs observations (car il désirait « ne faire aucun règlement sans l'avis de son clergé), » il publia une lettre pastorale [1] pour rétablir les conférences, « sur le pied où elles étoient » du temps des évêques ses prédécesseurs, mais avec cette différence qu'il n'avait pas l'intention « d'en faire une loi ou un précepte. » Diverses observations lui avaient été présentées à ce sujet par les ecclésiastiques de son diocèse ; et il ne voulut rien commander, parce qu'on lui paraissait avoir montré « trop de répugnance » pour son projet. « Loin de vouloir, dit-il, par une domination dure ou impérieuse, » resserrer les nœuds de vos obligations, nous nous bornons à » vous prier, à vous exhorter, à vous conjurer de vous associer » (ainsi que plusieurs d'entre vous l'ont déjà fait), sans égard à » la différence des doyennés, pour tenir chaque mois, hors le » temps de la mauvaise saison, des conférences composées au » moins de douze ou dix confrères voisins, et unis par les liens » de l'amitié et de la bonne intelligence. »

Mgr de Pressy trouvait dans cette institution le remède le plus assuré contre divers périls, auxquels, selon lui, la vertu des prêtres est exposée : « périls d'une vie dissipée trop répandue » dans les compagnies séculières, qui les portent à la négligence, » à l'oubli de leurs occupations ; périls d'une vie trop retirée et » solitaire, qui souvent engendre une humeur sauvage, farouche, » un esprit inquiet, chagrin, une conscience rongée de scrupu-

[1] 2 janvier 1765.

» les ; périls enfin d'une vie molle, inappliquée, oisive, d'où
» s'ensuivent des chutes honteuses, des scandales, etc... Les
» colloques dont nous parlons servent non seulement à éloigner
» les ecclésiastiques du danger de ces funestes désordres, mais
» encore à leur procurer un grand nombre d'avantages, à for-
» mer entre eux un commerce édifiant de piété, de science et
» d'uniformité de doctrine et de conduite, une société honnête,
» douce, agréable et utile, un saint concert de ferveur et de
» zèle pour s'animer à la pratique des devoirs de leur état, et
» pour s'encourager, se consoler, s'assister mutuellement dans
» les contradictions, les peines, les difficultés inséparables des
» fonctions de leur ministère. »

Ce caractère intime des conférences diocésaines n'exclut pas l'utilité pratique des discussions auxquelles on devait s'y livrer. Le prélat commente cette idée avec la justesse d'appréciation qui le caractérise. Il voit dans ces controverses un moyen efficace « de faire bien apercevoir le point de la question, saisir le
» véritable nœud de la difficulté, envisager les objets par toutes
» leurs faces, et mettre les raisons de part et d'autre dans tout
» leur jour. Chacun, en attaquant l'opinion de son adversaire
» et en défendant la sienne, écarte une partie du nuage qui
» couvre la vérité. Dans ce combat de pensées, dans cette lutte
» de sentimens, le vif effort de la résistance et le désir ardent
» de la victoire donnent aux esprits, même froids et naturelle-
» ment arides, une chaleur et une fécondité de conceptions et
» de raisonnemens, dont eux-mêmes sont surpris; semblables
» à ces morceaux de pierre et d'acier qu'on frappe l'un contre
» l'autre, et qui, malgré leur couleur obscure et leur sensible
» froideur, deviennent des sources de lumière et de feu par leur
» choc mutuel. »

Puis, se laissant aller à l'entraînement de son zèle pour la science ecclésiastique, il recommande encore à ses prêtres l'étude de l'Écriture-Sainte, où ils trouveront « un vaste arsenal fourni » de toutes sortes de munitions et d'armes offensives et défen- » sives contre l'irréligion, l'hérésie, le schisme, la superstition, » le libertinage. » Il les rappelle aux lois de la charité, de la modestie, de la tempérance, qui pourraient recevoir quelques atteintes, dont les conférences auraient offert l'occasion. Il insiste enfin sur la soumission à l'autorité de l'Église, qu'il représente comme « un port inaccessible aux agitations éter- » nelles d'une raison curieuse, indocile, superbe, que la vaine » gloire de créer des idées neuves, la folle audace de vouloir » pénétrer d'impénétrables mystères et la licence effrénée de » disputer des choses divines, font courir de systèmes en sys- » tèmes et d'erreurs en erreurs, jusqu'à ce qu'elle se précipite » et se perde dans les abîmes de l'incrédulité. »

L'année suivante (1766), parut un *Avertissement aux pasteurs sur l'obligation d'instruire*. C'est une exhortation vive, pathétique, d'une logique serrée, par laquelle il combat la négligence d'un grand nombre de pasteurs sur ce point. Il appuie fortement sur l'utilité des catéchismes : « Vous croyez, dit-il, » n'instruire que des enfans; vous vous trompez. Ces enfans, » ces jeunes gens, dans peu d'années, seront des pères de famille » qui transmettront ces enseignemens de race en race à leur » postérité. Souvent, par l'instruction d'un seul enfant, vous je- » tez les fondemens de l'instruction des paroisses et des pro- » vinces entières. Ce sera, un jour, un bon maître ou une » bonne maîtresse d'école, qui fera l'édification de tout le pays; » ce sera un de vos principaux habitans, un seigneur, un juge » de votre province, lequel en bannira les dérèglemens et les

» scandales; ce sera une femme charitable, qui se chargera un » jour du soin des pauvres et se consacrera tout entière aux » bonnes œuvres. Enfin, et souffrez encore ce petit détail, ce » sera une pieuse domestique, qui, placée dans quelque grande » maison, en élèvera un jour les enfans d'une manière chré- » tienne. » Il gourmande la paresse des curés qui ne peuvent se résoudre à prêcher autrement que d'exemple. « Aimez ten- » drement votre peuple; soyez vivement touchés de ses désor- » dres; ayez du zèle pour son salut, et vous aurez assez » d'éloquence et de talens pour l'enseignement. En faut-il » beaucoup à un prêtre employé à la campagne, pour faire, » non un beau sermon travaillé avec grand soin et poli avec » grande élégance, mais un bon prône, une simple exhortation, » une instruction courte et familière devant un auditoire où il » doit se considérer comme un maître au milieu de ses disci- » ples, ou un père au milieu de ses enfans? » C'est toujours le même caractère de paternelle bonté qui distingue l'évêque de Boulogne; il se faisait lui-même et voulait que les autres se fis- sent comme lui tout à tous.

Aussi est-ce le même fonds d'idées qui domine dans son *Avertissement sur les règles à observer en annonçant la divine parole,* publié l'année d'après (1767), comme complément des deux avertissements précédents. C'est un vrai traité de *Rhé- torique sacrée,* à l'usage des prédicateurs. Il y montre les ca- ractères que doit revêtir la parole du prêtre pour être vraiment la parole de Dieu, « parole de vérité, de science, de prudence » et de sagesse; parole de force, de foi, de magnificence; pa- » role d'exhortation, de patience, de paix, en même temps que » de terreur tempérée par la consolation; enfin parole chaste, » sainte et irrépréhensible » à tous les points de vue.

Nous voudrions suivre pas à pas le savant évêque dans le développement des douze caractères que nous venons d'indiquer : nous nous contenterons d'y rechercher un peu la théorie littéraire de l'écrivain.

Le prélat sage et judicieux, qui s'est fait le défenseur de la foi, au moyen de la raison, veut que les instructions de ses prêtres « ne contiennent rien que de vrai et de conforme à » l'Écriture ou à la Tradition, au sentiment commun des SS. » Pères ou des Théologiens, au témoignage de l'expérience ou » des histoires avérées, au désir sincère de glorifier Dieu et de » sanctifier les hommes. » Les citations des histoires profanes et des auteurs païens, mêlées avec celles des SS. Pères et avec l'usage des métaphores, des antithèses et des autres figures, sont approuvées, pourvu qu'elles ne soient « ni trop fréquentes, ni mises sans ordre: » employées à propos, elles sont comme des « pierreries enchâssées dans une couronne d'or ; » elles donnent « de l'éclat et du lustre à la solidité du discours ; ce qui » arrive surtout, quand elles renferment un grand sens en peu » de mots, et un contraste frappant entre les vertus des infi- » dèles et les vices des chrétiens. » En revanche, il proscrit « les opinions hazardées, les histoires apocryphes, les miracles » fabuleux qui décréditent les véritables ; les ornemens pompeux » d'un discours trop ajusté, trop fleuri, qui, bien loin d'édifier les » fidèles, les scandalisent. »

Il faut songer à ce qu'on dit, plutôt qu'à la manière dont on le dit. Sans rejeter « certains ornemens modestes qui se présentent d'eux-mêmes, » on doit s'attacher surtout « à placer les » pensées, les preuves, les réfutations, chacune à sa place dans » l'ordre naturel, en les exprimant d'une manière facile, nette, » précise, lumineuse, exempte des mots ambigus ou superflus,

» des phrases trop longues, trop chargées d'incidentes accessoires ; en se servant de similitudes, d'exemples, de comparaisons et descriptions vives et ressemblantes, qui fassent, pour ainsi dire, toucher au doigt et à l'œil la pensée ; en usant des termes les plus énergiques et des tons les plus capables de la faire concevoir et saisir avec justesse, de la mettre dans tout son jour et de la montrer d'une manière sensible, agréable, affectueuse. »

Donc, la grande perfection du genre consiste en ce que le style soit « naturel, aisé, coulant, plein d'aménité pour les gens d'esprit et les sçavans, plein de clarté pour les simples et les ignorans, agréable et intelligible aux uns et aux autres. » Si on ne peut réunir ces deux avantages, qu'on sacrifie le premier au second ; qu'on néglige l'élégance, quelquefois même la pureté du langage, si cela est nécessaire, pour se faire entendre. Ceux qui s'épuisent « à chercher des termes, à ranger des mots, à mesurer des phrases, à cadencer des périodes, à entasser figures sur figures, » n'ont plus ni vigueur, ni sagacité pour l'invention et le choix des choses. Cette application les énerve ; « elle refroidit le feu de leur imagination, et ôte à leur esprit la chaleur nécessaire pour concevoir la vérité vivement et pour l'exprimer fortement. » C'est la trame, la pensée, le fonds qui est tout, comme le dessin dans un tableau, « la diction est *tout au plus* dans l'éloquence ce que le coloris est dans la peinture, elle n'en est que la moindre partie. » N'est-ce pas là un peu le caractère des écrits de Mgr de Pressy, la source de cette négligence qui lui a fait dédaigner de châtier son style et de polir sa phrase ?

Ce n'est pas qu'il blâme l'emploi « des fleurs et des grâces du style : il faut avoir égard à la délicatesse du commun des

» hommes, et donner, quoique avec discrétion, quelque chose » à leur goût, pour engager, par cette espèce d'amorce inno- » cente, à rechercher les beautés de la vertu et à en goûter » davantage les saintes douceurs; » mais « le brillant ne doit » jamais être excessif, ni semblable à celui d'un discours acadé- » mique et profane. »

L'ordre, la méthode, la clarté, voilà, dans son appréciation, le principal mérite artificiel du discours. L'éloquence n'est pas dans les mots, elle vient du cœur : il faut des « mouvemens » vifs, animés, véhémens, d'une éloquence mâle, nerveuse, » armée de raisons pressantes contre l'erreur; » mais, si l'on doit éclairer l'esprit, on ne doit pas négliger de toucher le cœur. « C'est le cœur qu'il s'agit de gagner, et on ne le gagne que » par le secours du pathétique, qui l'enlève avec une douce » violence à ses passions, l'attire, l'entraîne où la raison et la » religion l'appellent. »

Aussi, quel soin de faire éviter tout ce qui peut rebuter et décourager! « Au lieu de ramener les pécheurs de leurs égare- » mens, nous leur donnerions, dit-il, occasion de s'égarer da- » vantage. » Après donc qu'on aura « effrayé, consterné, abattu, » terrassé le pécheur, il faut le relever, le consoler, le rassurer, » l'encourager par l'espoir du pardon. » Il ne faut pas craindre qu'il y ait « du danger pour Dieu à paraître aimable, clément, » miséricordieux; mais imiter Jésus-Christ lui-même dont la » doctrine, aussi consolante que sévère, n'inspire pas moins » la confiance que la terreur. Elle *n'éteint pas la mèche* » *fumante encore*, mais elle la rallume; elle *ne brise pas le* » *roseau cassé*, mais elle le relève et le soutient. »

Il n'est pas inutile, en terminant ce chapitre, de faire connaître les prédicateurs pour qui l'évêque de Boulogne avait la plus grande prédilection. Il n'en connaissait aucun « plus accompli » que Bourdaloue, qu'il appelle « le prédicateur des rois, et le roi des prédicateurs. » Les sermons de cet orateur sur les mystères sont signalés en première ligne, comme ceux « où il paroît avoir excellé davantage et s'être surpassé. » Il semble que « c'est la religion qui s'y énonce elle-même, tant il est difficile » d'en concevoir des idées plus justes que celles qu'il en donne » et d'en tracer de plus grandes images. » Massillon lui paraît être le type de l'orateur chaleureux, imagé, pénétré des vérités qu'il annonce; « rien en lui qui ne soit animé, tout parle, tout » persuade, tout remue, tout attendrit, tout porte dans l'âme la » conviction et le sentiment. »

Telles sont, rapidement esquissées, les idées de Mgr de Pressy sur la prédication. Profondément convaincu de la grande obligation d'enseigner, qui fait le principal objet de la mission du prêtre, suivant cette parole : *allez*, *enseignez toutes les nations*, il donnait lui-même l'exemple de la prédication. Des renseignements contemporains nous apprennent qu'il montait souvent dans la chaire de sa cathédrale pour instruire lui-même son peuple, et l'on a pu lui rendre ce témoignage qu'il le faisait toujours avec une « onction admirable et une tendre et affectueuse piété[1]. » Sans être doué d'un rare talent pour la parole, malgré la facilité avec laquelle il écrivait, l'évêque de Boulogne, d'après un récit du temps, prêchait « en véritable apôtre sur la charité, sur l'amour de Dieu, ses thêmes favoris. Le jeudi-saint surtout, » à la pensée de l'immense charité de l'homme-Dieu, son cœur débordait, il ne pouvait se contenir; de brûlantes exclamations s'échappaient hâletantes de son âme : « Ah ! mes

[1] Journal manuscrit de M Abot de Bazinghen.

Frères ! ah ! mes Frères ! que Dieu est bon, aimons Dieu ! Comment pourrons-nous l'aimer assez ? » Et, dans l'extase de son ravissement, il semblait vouloir s'élever au Ciel pour aller s'y réunir à l'objet de son amour. Nous avons pu recueillir encore ces impressions de la bouche de ceux qui en ont été les heureux témoins, et qui n'en parlaient qu'avec attendrissement.

CHAPITRE XIV.

Publications des Instructions pastorales et Dissertations théologiques sur les mystères. — Exposé historique de ce grand travail ; jugements favorables des contemporains.

Jusqu'ici nous avons cherché à faire voir quelle a été l'action épiscopale de Mgr de Pressy, dans son diocèse et dans l'Église de France. Il nous faut maintenant aborder un sujet plus important, et raconter les laborieux efforts qu'il fit pour servir l'Église entière et la religion, en défendant le dogme catholique contre la philosophie du XVIIIe siècle. Déjà nous avons cité quelques-unes de ses paroles, qui prouvent combien il avait à cœur de prémunir ses ouailles contre les séductions de l'impiété ; nous allons prendre dans ses écrits antérieurs quelques traits dont nous ferons l'introduction de ce chapitre.

Sans rappeler ici le tableau qu'il traçait en 1753 (mandement pour la naissance du duc d'Aquitaine) de cette impiété qui renouvelait « les erreurs de Julien l'Apostat, » avec quelle force ne s'élève-t-il pas, en 1757, contre « cette philosophie terres-

» tre, animale, diabolique, qui, sans connoître la religion, ni » son origine céleste, ni ses merveilleux progrès, ni la sublimité » de ses dogmes, ni la pureté de sa morale, blasphème ce » qu'elle ignore et corrompt tout ce qu'elle sait; confondant » l'esprit avec la matière, l'âme avec le corps, l'homme avec la » bête, Dieu infiniment juste et saint, avec une idole indifférente » au bien et au mal; philosophie insensée, détestable, qui ou- » vre la porte à toute espèce de crimes, de dissolutions et d'in- » famies [1]. » Il juge partout son siècle avec la plus grande sévérité : « ces jours d'iniquité où le péché abonde, où le vice » triomphe, où l'irréligion s'applaudit de ses progrès, où une » philosophie anti-chrétienne se fait une gloire insensée de ses » blasphêmes absurdes qui font rougir la raison; où des torrens » d'impiété, d'insolences, de dissolutions répandues impunément » dans une foule d'écrits licencieux, ne tendent à rien de moins » qu'à submerger la foi, la probité, la subordination, l'honnêteté, » la pudeur, toutes les vertus, toutes les loix divines et » humaines [2]. »

La religion, attaquée dans ses dogmes, au nom d'une philosophie orgueilleuse, avait de nombreux défenseurs; mais, à part quelques rares exceptions, on les lisait peu. Le mal allait grandissant ; Mgr de Pressy voulut essayer d'y porter remède.

C'était au nom de la raison qu'on niait les mystères. Sans s'arrêter aux railleries de Voltaire, dont il s'inquiète médiocrement [3] ; sans accorder trop d'importance à la foule des ency-

[1] *Mandement du 10 mars* (attentat de Damiens).

[2] *Mandement de carême*, de 1761.

[3] Ce n'est pas qu'il ne combatte fréquemment les assertions erronées, les sophismes perfides dont Voltaire a rempli ses ouvrages ; mais il ne lui fait pas l'honneur de le regarder comme un philosophe. Le titre des

clopédistes, dont il sait que le fatras vivra peu, il discerne le véritable et le plus rude adversaire et marche droit à lui. C'est l'auteur d'*Émile*, J.-J. Rousseau, le brillant écrivain et l'habile sophiste, qui lui paraît être le plus dangereux ennemi de la foi. L'esprit moqueur de Voltaire, le lourd bagage des encyclopédistes, n'auront qu'une faveur passagère. Rousseau restera : il faut le réfuter.

Mais Rousseau n'est que le disciple d'un autre raisonneur; il puise (nous ne disons pas qu'il copie) dans un auteur richement fourni d'arguments, dans celui que nos *philosophies classiques* appelaient le plus adroit, le plus fin et le plus intelligent des incrédules : *vaferrimus Bayle.* Pour Mgr de Pressy voilà les ennemis les plus sérieux. Rousseau et Bayle, voilà les adversaires qui se dressent toujours devant lui, au nom de l'intelligence et de la raison humaine, outragées, disent-ils, par les mystères.

Les premiers apologistes de la religion chrétienne se sont efforcés, pour convaincre les païens, de leur faire voir la concordance de l'enseignement de la foi avec les croyances les plus intimes du genre humain : c'est le *Teste David cum sibylla* de la liturgie romaine. Telle a toujours été la sage conduite des défenseurs du christianisme : l'âme humaine est si naturellement chrétienne qu'on y trouve toujours, même quand elle est ennemie, un point pour prendre terre.

Le savant prélat se place donc hardiment sur le terrain de

Intructions pastorales ne fait point mention de Voltaire ; on y lit que le prélat se propose de justifier et de venger les mystères « des calomnies de Bayle, de J.-J. Rousseau et d'autres philosophes, qui osent les accuser d'être incroyables, inintelligibles, contradictoires et absurdes. »

ses adversaires. « Y a-t-il une contrariété réelle entre la raison et la foi ? » Les incrédules l'affirment ; et pour le prouver, ils accumulent, principalement contre les mystères, des objections sans nombre. Mgr de Pressy le nie, et détruisant pièce à pièce tout l'échafaudage de prétendues contradictions que les philosophes ont élevé à grands frais, il démontre au moyen d'hypothèses rationnelles, de similitudes, d'explications lumineuses, que les mystères ne sont pas opposés à la raison. Ils dépassent la portée de l'intelligence ; mais « quelque inconcevables qu'ils » soient, ils ne contiennent rien d'absurde, rien de plus difficile » à expliquer que les secrets de la nature, que les paradoxes » de la physique, que les lignes incommensurables de la géo- » métrie, que certains faits fort extraordinaires, très-contraires » à la vraisemblance, et toutefois très-conformes à la vérité [1]. » En les *conciliant avec la raison*, il « fait disparaître leur contradiction apparente, sans toutefois dissiper entièrement leur obscurité réelle. » Ainsi nos prétendus sages voient se retourner contre eux l'arme qu'ils avaient dirigée contre l'Évangile de Jésus-Christ.

C'est en 1767, par la publication de son « *Instruction pastorale sur l'accord de la Foi et de la Raison dans chaque mystère de la religion*, » que l'évêque de Boulogne commença la série de ses travaux apologétiques. Dans ce premier ouvrage, il s'attacha surtout à défendre le mystère de la Très-Sainte-Trinité. Deux ans après, il fit paraître un travail analogue sur l'Eucharistie (1769). Ensuite vinrent trois instructions successives (1772, 1775, 1776) sur l'Incarnation et la Rédemption, et deux sur le mystère de la distribution des dons inégaux de la grâce (1778, 1781).

[1] *Œuvres*, édit. de 1786, t. I, p. 37.

Cette dernière question, vivement agitée, non-seulement par les philosophes, mais encore par les théologiens catholiques, à l'occasion des hérésies de Calvin et de Jansénius, était, à tous les points de vue, très-intéressante et très-utile à examiner. Aussi, l'ouvrage, bien que tiré à un grand nombre d'exemplaires, fut-il bientôt épuisé. L'imprimeur, François Dolet, « ne pouvant satisfaire beaucoup de personnes qui lui en demandaient de toutes parts et qui désiraient avoir aussi les instructions précédentes du même prélat, » le pria de consentir à une nouvelle édition.

L'évêque revit alors son travail, y fit quelques retouches de style, des additions et des retranchements qui ont surtout pour but d'y établir une plus grande unité et d'en mieux enchaîner les diverses parties. La première instruction, sur les mystères en général, est celle qui a subi le plus de modifications sous ce rapport. Elle sert d'introduction et de préface; elle annonce le dessein de tout l'ouvrage et donne à l'auteur l'occasion de justifier l'opportunité de son travail et de répondre à ceux qui avaient pu critiquer la pensée de son œuvre.

L'ouvrage entier fut donc réimprimé, en 1786, dans sa forme nouvelle, comme un tout homogène, avec une instruction sur la Création qui paraissait pour la première fois. C'est là, en quelque sorte, le texte officiel de l'auteur, et celui que M. l'abbé Migne a reproduit et popularisé. Notre jugement, si l'on peut appeler ainsi l'étude que nous avons entreprise, doit donc porter sur cette édition de préférence aux précédentes.

Exposons d'abord la pensée du savant prélat : il n'y a point de meilleur interprête d'un ouvrage que l'auteur lui-même.

Le grand champ de bataille des incrédules étant, selon lui, comme nous l'avons dit plus haut, les contradictions qu'ils croient voir entre les mystères de la religion, et les lumières naturelles de l'intelligence humaine, l'évêque de Boulogne entreprend de « les y attaquer et de les forcer, » en montrant l'accord indissoluble de la foi et de la raison. C'était la voie la plus directe; et, d'après Fontenelle, « l'entreprise la plus nécessaire [1] » dans un siècle aussi engoué de ses lumières que l'était le XVIIIe. « Nous entrerons, dit Mgr de Pressy, dans un détail exact, et » nous ferons une exposition fidèle, tant des difficultés et des » objections faites par les déistes que des solutions particulières » qu'en ont données et que donnent les théologiens catholiques; » solutions éparses çà et là dans un grand nombre de livres » qu'il n'est pas facile d'avoir, et qu'il seroit fort long de lire » en entier. Nous avons donc cru rendre service à la religion » en les recueillant toutes, ou du moins les meilleures, dans un » seul ouvrage, et en y ajoutant diverses observations propres » à mettre la vérité dans un plus grand jour. » Quelque instructifs et utiles que soient les ouvrages qui ont déjà paru sur cette matière, « on ose assurer que celui-ci contient beaucoup » de preuves et de solutions nouvelles, bien propres à convaincre » ou à confondre l'incrédule [2]. »

S'appuyant sur les exemples des anciens théologiens qui ont « éclairci la doctrine chrétienne et ajouté de nouveaux dévelop- » pemens lumineux à ce que d'autres saints docteurs avant eux » n'avoient expliqué qu'obscurément, » il ne s'effraie pas à l'idée « de chercher, dans le sein de la philosophie Cartésienne » ou Leibnitzienne, des éclaircissemens propres à diminuer » l'obscurité de plusieurs dogmes et par là même à en faciliter

[1] *Éloge de Regis* (œuvres de Fontenelle, édit. 1825, t. I, p. 147).
[2] *Œuvres* édit. 1786, T. I, pp. 13, 14.

» la croyance. » Il rompt en visière avec la scholastique, qu'il traite, un peu trop dédaigneusement peut-être, de « langage inintelligible et de jargon mystérieux. » Il célèbre le progrès des sciences, dus « à ce courage de raison qui anima les Descartes, » les Pascal, les Mallebranche, les Newton, les Bernouilli, les » Leibnitz, les Varignon [1] ; » en un mot il se montre l'homme de son siècle, et devance les conclusions auxquelles on commence à arriver de nos jours.

L'entreprise est grande et périlleuse : « Nous sentons que » notre foiblesse a besoin d'être revêtue de la force d'en haut, » pour la réussite de notre projet, aussi vaste dans son étendue » que difficile dans son exécution. Il embrasse à lui seul pres» que toutes les matières les plus épineuses de la théologie et » de la philosophie, sur lesquelles il faut accorder la foi et la » raison, malgré leur apparente contrariété. Cet accord demande » qu'en soutenant les intérêts de l'une, on ne blesse pas les » droits de l'autre; qu'en fixant les bornes de celles-ci, on ne » franchisse pas les limites de celle-là; qu'en juge impartial on » assigne à chacune précisément ce qui lui appartient. Cet ac» cord exige encore que, pour découvrir les nœuds secrets qui » les unissent et les concilient, tantôt on s'élève à ce qu'elles » ont de plus sublime, tantôt on creuse ce qu'elles ont de plus » profond; que tantôt on démasque l'erreur, tantôt on éclaire la » vérité; que continuellement, sans jamais s'égarer soi-même, on » suive pas à pas l'incrédule dans tous ses écarts, dans les tours » et les détours d'un labyrinthe de subtilités et de faux-fuyans » par lesquels il tâche de s'échapper [2].

[1] *Ibidem*, pp. 15 et 16.
[2] *Ibidem*, p. 19.

Nous ne pouvons, dans cette étude, à laquelle nous voulons avant tout laisser son cachet purement historique, suivre le docte évêque dans son argumentation. Mais, en notre qualité de rapporteur, nous demanderons à ses contemporains, aussi bien qu'aux hommes de notre siècle, ce qu'il faut penser de la valeur de son travail.

L'abbé de Crillon, dans les « *Mémoires philosophiques du baron de****, » publiés en 1778, est, croyons-nous, le premier qui ait parlé des *Instructions pastorales.* « L'évêque de Bou- » logne, dit-il, a écrit sur tous nos mystères avec la plus grande » profondeur, et y a répandu de vives lumières; il expose avec » toute la force possible toutes les objections qui ont été faites » par Bayle, etc., etc., et les solutions qu'il en donne ne lais- » sent rien à désirer; on ne peut trop admirer l'abondance de » ses preuves dans tous les genres [1]. » Cet éloge n'est pas à mépriser : il est d'un homme de savoir et d'esprit, qui avait fait une étude spéciale de ces matières.

On a cité une parole de Rousseau, que nous n'avons pu trouver dans ses œuvres, et qui lui a peut-être échappé dans une conversation intime : « Comme adversaire, aurait-il dit, je ne crains rien tant que le petit évêque de Boulogne. » Si le mot n'est pas vrai, il est du moins vraisemblable et peut passer pour l'expression du sentiment public à cet égard.

Quoi qu'il en soit, nous pouvons apporter une bien autre autorité en faveur de la réputation que Mgr de Pressy avait conquise de son vivant. L'édition de ses œuvres, publiée, comme nous l'avons dit, en 1786, a occupé le *Journal des Savants*, l'un des plus sérieux recueils que le siècle passé nous ait légués.

[1] Edit. de 1827, p. 213, n.

Il est intéressant, à plus d'un titre, de rapporter l'opinion de la science, sur la manière dont l'évêque de Boulogne s'est acquitté de sa tâche. L'article est d'un *M. Dupuy* que nous ne connaissons point; mais l'autorité du *Journal* est plus importante en elle-même que celle d'un rédacteur en particulier. Mériter l'attention et surtout les éloges du *Journal des Savants*, c'est la preuve de quelques qualités qui ne sont pas ordinaires.

Janvier 1788. « Ce n'est que depuis peu que nous avons » eu communication de cet ouvrage (les *Instructions pasto-* » *rales* de Mgr l'évêque de Boulogne), où le savant prélat réunit, » avec beaucoup de sagacité, les lumières de la raison à celles » de la religion. Nous essayerons d'en donner une idée [1]. »

Mars 1788. « Ce recueil intéressant comprend six instruc- » tions, etc. Nous engageons ceux qui ont à cœur de sonder, » de creuser, de scruter les objets traités par Mgr l'évêque de » Boulogne, de lire, étudier, méditer son ouvrage. Ils y trouve- » ront une érudition très-vaste et très-rare, une foule d'obser- » vations importantes, de bons et solides raisonnemens, un » savoir enfin aussi étendu que varié, et relevé par le mérite » de la modestie et de la piété [2]. »

Octobre 1788. « Ces dissertations [sont] dignes non-seule- » ment d'être lues, mais méditées et approfondies par ceux qui » désirent être instruits sur les matières dont elles sont l'objet... » Le docte prélat joint [aux solutions qu'il propose] tant » d'éclaircissemens, de discussions et d'observations si impor- » tantes, qu'il faut nécessairement les suivre dans l'ouvrage » même, parce qu'elles perdroient trop à être abrégées [3]. »

1 Édit. in-4°, p. 52.

2 *Ibid.* pp. 157-162.

3 *Ibid.* pp. 643-651.

Enfin, pour terminer ce qui regarde le *Journal des Savants*, nous ferôns observer qu'en général on s'y occupe peu de matières théologiques, et que vingt-six colonnes consacrées à l'examen de l'ouvrage de M. de Pressy montrent avec quelle faveur on en accueillit la publication.

Les théologiens de l'époque n'en firent pas moins d'estime, témoin le jugement suivant, extrait des cahiers d'un docteur de Sorbonne, professeur au collége de Navarre : il s'agit de l'opinion des *Germes préexistants*, proposée par Mgr de Pressy, pour aider à éclaircir les difficultés relatives au mystère de l'Eucharistie. Nous traduisons littéralement du latin :

« Nous savons que cette opinion ne déplaît pas à ces princes » de l'Église, qui combattent avec gloire nos modernes incré- » dules, à l'aide des principes de la philosophie et de la théolo- » gie réunis dans un heureux accord. Parmi ces princes, » ministres du Christ, brille entre tous François-Joseph-Gaston, » évêque de Boulogne, qui, dans ses *Instructions pastorales* » *sur l'accord de la foi et de la raison dans chaque mystère* » *de la religion*, nous offre un trésor très-précieux de connais- » sances philosophiques et théologiques, rédigé avec une admi- » rable sagacité. Dans l'Instruction qui regarde le mystère de » l'Eucharistie, on trouve huit preuves principales de l'opinion » dont nous parlons. Elles sont traitées sommairement, mais » avec élégance et avec force.

» Nous recommandons instamment de lire et de relire ces » Instructions. Et plût au ciel que l'auteur recommandable qui » a réfuté le *Système de la nature*, les eût lues avant d'écrire » son ouvrage. Il y aurait facilement puisé les moyens d'atta- » quer, mieux qu'il ne l'a fait, ce misérable auteur que Spinosa » lui-même eût souverainement méprisé [1]. »

[1] Œuvres de Mgr de Pressy, édit. cit., t. II, pp. 561 et 562.

Couronnons cette revue des témoignages du XVIIIe siècle par une dernière citation : elle est d'un autre docteur de Sorbonne, « directeur d'un des principaux séminaires de Paris, » à qui l'un des grands-vicaires de l'évêque de Boulogne avait demandé « de lui marquer ce qu'il en pensoit. » Voici sa réponse :

« J'ai lu les quatre Instructions pastorales de Mgr l'évêque » de Boulogne, *sur l'accord de la foi et de la raison dans » les mystères de la religion*. Il ne faut pas être peu versé » dans la vraie philosophie et dans la saine théologie pour » saisir tout le mérite d'un si savant ouvrage. Il coûte à lire, » mais on est amplement dédommagé de sa peine, quand on l'a » lu. Je ne crois pas qu'il y ait de livre qui aille mieux à son » but. Je l'ai lu avec une incroyable satisfaction. C'est un excel- » lent répertoire des meilleures choses pour fermer à jamais la » bouche à l'incrédulité, et pour armer nos théologiens des » armes qui écrasent tout ce qui s'élève contre la science de » Dieu. La force, la netteté dans les matières les plus épineuses, » la lumière et l'onction se joignent pour le triomphe de la Foi. » J'ai lu la cinquième Instruction sur l'Incarnation et sur le » dogme de l'éternité des peines; j'en porte le même juge- » ment que dessus ; j'en trouve le style meilleur, la méthode » exacte, l'érudition surprenante, les solutions solides... Je suis » charmé que cet ouvrage nous fournisse des principes de » solution qu'on ne trouve guères autre part ; c'est un trésor » de vérités qui fera dire aux connoisseurs : *Mille clypei pen- » dent ex eâ omnis armatura fortium*[1]. (Cant. cap. 4). »

[1] *Ibid. p.* 561

CHAPITRE XV.

Qu'est-ce que le théologien—philosophe—mathématicien, qui paraît si souvent dans ces écrits ; — quelles sont les critiques dont les Instructions pastorales ont été l'objet ; — ce qu'il faut penser de l'opinion sur les mitigations accidentelles des peines de l'Enfer ?

Mgr de Pressy, avec la profonde modestie et la sincère humilité qui le caractérisent, paraît s'être défié de lui-même. Toutes les fois qu'il présente au public un argument nouveau, une hypothèse que personne n'a faite avant lui, il en fait honneur à un théologien mystérieux, d'une personnalité vague et insaisissable, « un théologien que nous connaissons, dit-il en 1767, mais qui, touché de deux sentences du livre de l'*Imitation*, ne veut pas être connu, » et auquel, pour mieux le déguiser, il prête son style, ses allures, sa méthode. Bientôt, c'est un théologien-philosophe (1776), puis enfin un théologien-philosophe-mathématicien (1786), mais toujours enveloppé d'une obscurité impénétrable. Quand l'évêque revoit son ouvrrge, en 1786, le théologien est avec lui. On l'avait à peine entrevu dans la première Instruction sur les mystères en général ; la seconde édition nous le montre plusieurs fois, en des endroits où il se substitue à la place que l'évêque occupait précédemment. Les plus intimes relations ont dû exister entre Mgr de Pressy et son théologien. Ils ont eu au baptême le même saint pour patron, et s'appellent tous les deux *François*. Ils vécurent et travaillèrent ensemble pendant les vingt et un ans que dura la publication des œuvres philosophiques (1767-1788) ; on ne peut rencontrer entre eux le moindre dissentiment. Jamais l'évêque ne blâme son théologien; il a même pour ses mauvaises rimes et ses vers prosaïques une tendresse toute paternelle. Tous les sentiments du théologien sont connus de l'évêque: ainsi nous apprenons de lui « qu'après avoir trouvé la solution » d'un théorème d'algèbre qu'il avoit longtemps cherché inuti- » lement, il en sentit une satisfaction extraordinaire qui le ravit, » l'enleva comme hors de lui-même. » Cette impression n'était pas effacée : l'évêque le sait; et il atteste que cet agréable souvenir durait encore, malgré « le laps d'un grand nombre d'années écoulées depuis lors. » On ne peut être mieux renseigné.

Les pensées, les lectures, les connaissances de l'un et de l'autre sont dirigées vers le même but. Si l'évêque a besoin de se défendre contre ses détracteurs, c'est le théologien qui se charge de ce bienveillant office. Il siérait peu, sans doute, au prélat de « se donner de l'encens » à lui-même, et de « se couronner de ses propres mains; » aussi est-ce encore le théologien qui, avec une grande bonhommie, sous le voile de son anonyme, se fait l'éditeur des jugements favorables portés sur les écrits de l'évêque.

L'abbé Rivière, sous le pseudonyme de Pelvert, ayant attaqué incidemment l'évêque de Boulogne et son théologien, dans la défense d'une *Dissertation sur la nature et l'essence du Saint-Sacrifice de la Messe*, avait signalé la conformité qu'il trouvait entre la doctrine du prélat et celle de l'un de ses propres adversaires. Mgr de Pressy dédaigne de paraître dans la lice; mais le théologien arrive au secours. Les jansénistes (Rivière était de la secte), ont « décrié » l'évêque de Boulogne : on peut s'en consoler; car d'autres, qui les valent bien, ont été d'un avis différent. « Il ne me convient pas, dit-il, de dire ce » que j'en pense (pourquoi pas?), ni de m'approprier aucun

» des éloges qui y sont donnés; » (soit, mais laissez louer votre évêque, en quoi cela offense-t-il votre modestie à vous son théologien ?) « J'y ai renoncé, en voulant demeurer inconnu. » Si donc je les rends publics, ce n'est pas pour ma gloire, » mais pour celle de Dieu et pour l'honneur d'un évêque, qui » malgré sa modestie, doit être jaloux de pouvoir dire comme » l'Apôtre : « J'honorerai mon ministère. » L'évêque lui-même n'aurait pas autrement parlé. Il y a plus : on accuse *M. de Boulogne* de s'être entendu avec l'auteur que combat l'abbé Pelvert. Le théologien répond : « Je rends hommage » à la vérité, en assurant que cet auteur, ne m'a nullement » communiqué ses lumières. JE ne sais pas son nom; JE n'ai » pas lu son livre, JE n'ai eu aucune relation avec sa per» sonne [1] ».

Demanderons-nous maintenant quel est ce théologien, dont l'individualité se confond toujours avec celle du prélat ? Nos lecteurs devineront facilement, que ce personnage énigmatique est une pure fiction qu'a inventée le modeste écrivain; par prudence d'abord, afin que le prince de l'Église ne portât pas la responsabilité des nouveautés, toujours quelque peu compromettantes, qui auraient pu se trouver dans les *Instructions*; mais surtout par humilité, afin que l'honneur de la découverte ne lui fût pas attribué. De plus, à l'aide de cet innocent stratagème, il se préparait les moyens de répondre à ses détracteurs, sans entrer lui-même en conflit avec eux. On peut voir dans sa dernière *Instruction*, (*sur les avantages de la Foi*), quel parti il tire de cette ressource. Le théologien y est employé

[1] Œuvres, édit. cit., t. II, pp. 536 et 537.

plus souvent que jamais; et, pour la défense, c'est toujours lui qui tient la plume.

Grâces au théologien, nous trouvons, dans l'ouvrage même du prélat, plusieurs renseignements, précieux pour faire connaître l'opinion publique à l'égard de ses travaux. La critique y est citée, aussi bien que l'éloge; et, après y avoir puisé les appréciations favorables que nous avons fait connaître dans le chapitre précédent, il est juste d'examiner maintenant ce que valent les réclamations des adversaires.

Les jansénistes, qui, en rétrécissant à leur mesure la grande religion de Jésus-Christ, en niant plus ou moins ouvertement la liberté humaine, avaient pour leur part contribué aux progrès de l'impiété (ou du libertinage, comme on disait autrefois), jetèrent les hauts cris, lorsqu'ils virent paraître un athlète aussi fièrement armé que l'était Mgr de Pressy. Confondus par ses lumineux éclaircissements sur la grâce, ils firent tomber tout le feu de leur colère sur l'ouvrage concernant la Création. C'était, suivant eux, un « déluge de blasphèmes, d'impiétés, d'absurdi- » tés. Jamais Bayle, les encyclopédistes, l'abbé de Prades, » l'abbé Raynal, etc., dont les écrits licencieux ont étonné » l'univers, n'ont commis, » disent-ils, « de pareils attentats » contre tous les attributs de Dieu[1]. » Certes, l'accusation est grave; mais les preuves en sont encore attendues. Assurément, s'il y avait quelque chose de fondé dans cette attaque furibonde, l'Église, toujours si vigilante à dévoiler l'erreur, s'en serait émue.

Plus le cri d'alarme a été violent dans le camp ennemi, mieux l'on peut juger que l'arme était solide et qu'elle avait frappé

[1] *Nouvelles ecclésiastiques*, année 1788, p 45.

juste. Voilà, selon nous, la conséquence qu'il faut tirer des paroles exaspérées du *Nouvelliste* de 1788.

L'évêque de Boulogne avait prévu que des objections pourraient lui venir du dedans aussi bien que du dehors. Souvent il insiste sur le caractère propre de ses travaux, qui n'est pas d'amoindrir la religion, ni d'anéantir ce qu'il faut croire, sous prétexte d'expliquer la croyance; ce qu'il veut, c'est, « en res-» pectant les voiles dont il a plu à Dieu de couvrir les mystères » de la religion, de faire servir la raison à montrer que, » quoique obscurs, ils ne sont ni absurdes, ni inintelligibles. » De cette manière, la philosophie s'accorde très-bien avec la » théologie; puisque, à proprement parler, la théologie n'est » autre chose que la philosophie de la religion [1]. »

Il y avait un écueil : c'était de dépasser le but; et, à force de similitudes, d'analogies et de comparaisons, d'arriver à jeter sur les mystères une téméraire clarté, où la rigoureuse orthodoxie trouverait à reprendre. C'est un point sur lequel le *Journal des Savants* [2] crut devoir appeler l'attention de l'auteur et du public. L'argumentation, à laquelle se livre M. Dupuy sur ce sujet, ne tombe guères cependant que sur « M. C....., ex-recteur et ancien professeur de l'Université de Paris, » auquel on doit une « preuve sommaire de la *possibilité* de la présence réelle, » dont Mgr de Pressy n'admet pas toutes les conclusions, quoiqu'il s'en soit fait l'éditeur. Pas plus que les SS. Pères et que Bossuet lui-même, qui ont donné ces explications et ces comparaisons, l'évêque de Boulogne n'ose prétendre qu'elles fassent disparaître le mystère. Les hypothèses

[1] Œuvres, cit., t. I., p. 17.
[2] Année 1788. Edit. in-4°, p. 161.

les plus ingénieuses ne sont jamais adéquates à la vérité. D'ailleurs, M. Dupuy reconnaît lui-même que « le docte et pieux prélat paroît se contenir ordinairement » dans de sages limites, et qu'il « se borne à infirmer et à anéantir les argumens de » l'incrédule contre la possibilité des mystères. » Si quelquefois il semble aller plus loin, nous croyons que, malgré toutes ses hypothèses et ses explications, l'acte de foi, rendu plus facile peut-être, à cause des motifs de crédibilité, n'en a pas moins pour objet des vérités qui n'apparaissent qu'en énigme, et comme réfléchies dans un miroir : *argumentum non apparentium;... videmus nunc per speculum in ænigmate.*

Dans un si grand ouvrage, sur une matière délicate, qui exigeait l'exactitude la plus rigoureuse, il est difficile qu'il n'y ait pas quelques taches, surtout quand on se fraie une voie nouvelle, avec une méthode à la fois neuve et hardie.

On a pu trouver que « la métaphysique n'en est pas toujours claire ; » ce qui est peut-être la faute du genre, plus que celle de l'auteur. On a été plus juste en l'accusant d'être diffus. Mgr de Pressy n'était pas assez heureusement servi par les circonstances pour être un écrivain de premier ordre. On croit, d'ailleurs avec assez de fondement, qu'il faisait imprimer ses ouvrages au fur et à mesure qu'il les composait, sans prendre le temps de se relire. C'est regrettable. Il avait en face de lui cet homme au style élégant, chaud, coloré, dont la phrase harmonieuse charme l'oreille; cet autre, au style incisif et spirituel, maniant la raillerie avec une finesse exquise, rompu à tous les genres, signant ses écrits de noms divers, mais toujours facile à reconnaître sous tous les pseudonymes. Contre ces tirailleurs infatigables, ces troupes légères qui semaient le sophisme et le doute dans les esprits, en paraissant se livrer à un gracieux badinage, l'évêque de Boulogne dirigeait savamment une artillerie pesante, efficace à la longue, mais dont les lenteurs n'effrayaient guères l'ennemi. Du reste, il s'inquiétait peu de leurs manœuvres et de leurs plans de campagne; il démolissait pièce à pièce l'arsenal de Bayle, où l'on se fournissait d'armes; il ruinait ses adversaires, en dispersant leurs munitions et en détruisant leurs arguments dans les principes mêmes.

C'est un parti pris, chez lui, de ne pas rechercher les agréments du style. « Pointes d'esprits, jeux d'imagination, plai- » santeries facétieuses, contes obscènes, subtilités sophis- » tiques, imputations calomnieuses, déclamations aussi peu » remplies de choses et de sens que pleines de grands mots et » d'expressions superbes; ce sont là les armes dont se » servent les ennemis de la religion. Que voulons-nous leur » opposer, en la défendant? Solidité des principes, justesse » des conséquences, exacte vérité, noble simplicité du langage, » modeste, mais énergique, de la foi et de la raison, précision » mâle et nerveuse du style laconique et didactique de la phi- » losophie et de la théologie [1]. » Voilà ses intentions; mais nous devons dire, avec le docteur de Sorbonne cité plus haut : « son ouvrage coûte à lire, » malgré les éminentes qualités qui le distinguent.

Ce qu'on y remarque surtout, c'est une piété douce et pleine d'onction, qui anime toute cette philosophie savante. « Ce qui » doit nous frapper le plus, dit M. Coquatrix, c'est que l'évê- » que de Boulogne ait su conserver une piété aussi affectueuse, » au milieu des études les plus abstraites. » Cette piété, cette

[1] Œuvres, édit. cit., t. I, pp. 107 et 108.

pureté d'intention, cet amour dévoué, respectueux avec lequel il traite la sainte doctrine, lui feront toujours pardonner les inexactitudes qui auraient pu lui échapper.

M. Picot, dans les mémoires que nous avons cités, dit, en parlant des *Instructions pastorales* : « il y a même des opinions » qu'on a jugées ou hasardées, ou inexactes. » Cette phrase a couru de *biographies* en *biographies*. Le continuateur de Feller s'en inspire; et, pour ne pas la copier trop textuellement, il la modifie et lui donne une tournure d'accusation plus grave : « On ne peut pas, dit-il, aussi facilement excuser quelques » opinions erronées ou inexactes, que l'auteur aurait pu se dis» penser de soutenir. » Il en juge à son aise, et assez lestement, ce nous semble. Quelles sont ces opinions ? M. Migne, dans un *avis* d'éditeur, nous promettait de nous mettre sur la voie : « Nous devons à la vérité de dire que le grand zèle de » Mgr de Pressy, et son ardent désir de ramener à l'Église tous » ses ennemis, lui ont arraché, sans le vouloir, certaines con» cessions de doctrine, assez mal-sonnantes, en apparence ; mais » son cœur était, là, dupe de son esprit. *Nous avons tout cor» rigé autant qu'il était en nous.* »

L'accusation va grossissant; mais, où sont ces concessions malsonnantes et qu'est-ce que M. Migne a corrigé ? Nous avouerons en toute simplicité n'avoir pu en rien découvrir. Après vérification attentive, M. Migne nous paraît avoir reproduit textuellement l'édition de 1786; il a quelquefois mis en leur lieu propre des additions qui se trouvaient à la fin de l'ouvrage, mais nous n'avons pas rencontré la moindre trace de suppressions ni de corrections.

Selon nous, il y a là une idée vague, qui passe sans examen de livre en livre, et qui chemine sans passeport en règle. Nous serions heureux qu'on voulût bien nous en donner le signalement.

Nous savons qu'il y a, dans Mgr de Pressy, des opinions hardies qu'on était peu habitué à voir se produire dans des écrits français. Par exemple, on a pu être choqué de lire, dans son ouvrage, une assez longue dissertation sur la mitigation accidentelle et passagère, dont la miséricorde de Dieu ferait usage pour adoucir quelquefois les peines des damnés. Au rapport du R. P. Ventura [1], qui l'adopte, et dont l'autorité théologique n'est pas à dédaigner, cette opinion avait été partagée par le cardinal Sfondrate dans son livre : *Nodus prædestinationis dissolutus.* On en trouve même le germe dans saint Augustin et dans saint Thomas. Le P. Ventura nous apprend que « Bossuet, le cardinal de Noailles et quelques évêques de France » dénoncèrent à Innocent XII le livre de Sfondrate et insistèrent pour qu'il fût condamné, » mais que « ce docte et » saint Pape n'en fit rien . »

Ce sentiment n'est donc pas si hasardé qu'on le veut bien dire; et, sans nous prononcer là-dessus, nous renvoyons à une savante dissertation d'un pieux Sulpicien, M. Émery, qui a traité la question *ex professo*, en s'appuyant sur l'autorité de Mgr de Pressy, auquel il emprunte de nombreux extraits. L'opuscule de M. Emery, très-rare en original, a été réimprimé par M. Carle, dans son traité du *Dogme catholique de l'enfer* [3]. On lit dans ce dernier ouvrage que « la Congrégation de » de l'*Index*, après avoir examiné la dissertation, a déclaré

[1] *La Raison philosophique et la raison théologique.* Conférences de 1854, t. III, p. 577 et suiv.

[2] *Ibid*, p. 578, n.

[3] Édit. Herman, pp. 380-481.

» n'y avoir rien trouvé qui méritât les censures. Aujourd'hui » encore, continue M. Carle, tout le monde indistinctement » peut la lire, à Rome, dans la bibliothèque de la Minerve, » tenue par les Dominicains. On sait cependant quelle est la » rigueur de ces religieux pour tout ce qui tient à la doctrine » catholique [1]. »

S. E. le cardinal Gousset, archevêque de Reims, pense que cette opinion, « encore qu'elle ne soit point condamnée par » l'Église, ne pourrait être *soutenue* sans témérité [2]. » Nous nous inclinons devant ce jugement, qui n'atteint pas Mgr de Pressy, parce qu'il s'est contenté d'exposer, sans le soutenir, le sentiment dont il s'agit, quoi qu'en dise le continuateur de Feller. Mais nous nous estimons heureux qu'on ait pu le mettre en avant, afin d'avoir une réponse qui servît à calmer les exigences de certains esprits. Tout récemment, M. l'abbé Combalot, dans son livre sur la *Connaissance de Jésus-Christ*, rappelle cette opinion « tirée, dit-il, des lettres pastorales de » M. de Pressy, l'un des plus savants évêques de France dans » le siècle dernier. » Il croit utile de la faire connaître, « non » pas pour fournir aux méchants des semences de sécurité » contre la justice divine et contre le remords; mais bien pour » détruire les tentations de blasphèmes que font naître, dans une » foule d'âmes, les tableaux quelquefois exagérés des rigueurs » de la justice divine à l'égard des réprouvés. »

Hier encore, (1855), M. Théodore-Henri Martin [3], réfutant

[1] *Ibid*, p. 382, n.

[2] *Théologie dogmatique* (de Dieu), n° 234.

[3] *La vie future, Histoire et apologie de la doctrine chrétienne sur l'autre vie*, II° partie, chap. VI, p. 282.

les théories que M. Jean Reynaud développe dans son livre intitulé *Terre et Ciel*, engageait son adversaire à lire l'ouvrage de Mgr de Pressy, pour y trouver un apaisement à l'horreur que lui inspire le dogme catholique sur la peine du feu éternel.

Pour qu'on ne se méprenne point sur les intentions du vénérable prélat dont nous écrivons l'histoire, nous devons ajouter, quoiqu'en dise encore le continuateur de Feller, que ses *Instructions sur les mystères* n'étaient pas adressées *au peuple*, mais seulement à son clergé et aux hommes instruits [1]. S'il avait écrit pour le peuple, il n'aurait pu sans témérité exposer d'une manière si explicite les objections des incrédules, ni émettre ces diverses opinions, qui doivent rester dans l'*École* et qui sont trop délicates pour être produites sans danger dans le public. En plusieurs endroits de ses écrits, comme à propos de cette question de la mitigation des peines, l'évêqne de Boulogne fait ses plus expresses réserves. Les ecclésiastiques doivent éviter de proposer dans « leurs instructions publiques, » certaines opinions permises ou tolérées, qui favoriseraient le » relâchement », particulièrement celles qui touchent au dogme des peines éternelles; mais il n'oserait blâmer (notons cette expression), que, « dans quelques cas rares et extraordinaires [2], on s'en servît, pour calmer la frayeur immodérée de certaines imaginations vives, ou pour faciliter la conversion des incrédules et diminuer leurs blasphèmes.» Il nous semble qu'après ces paroles, on ne saurait accuser Mgr de Pressy d'avoir commis une imprudence en agitant ces questions.

Pour clore cette revue des ouvrages théologiques de l'évêque

[1] Œuvres, t. I, p. 96 et II, p. 2.

[2] *Ibid*, t. I, pp. 567, 568 et dans la note correspondante.

de Boulogne, nous citerons quelques mots de l'avis que M. Migne a imprimé en tête de son édition. « *Les dissertations théologiques*, dit-il, démontrent le prélat savant, toujours sur la brèche, pour la défense de l'Église entière, et le plus vigoureux antagoniste de la philosophie du XVIIIe siècle... Jamais des prières si universelles et si instantes ne nous étaient venues pour la réimpression d'un ouvrage, comme pour celui dont il s'agit. »

CHAPITRE XVI.

Translation des reliques des SS. Fuscien et Victoric, en 1773. — Zèle de l'évêque de Boulogne pour le baptême des enfants nés avant terme, ou en danger (1774).—Il supprime plusieurs fêtes (1778).— Il dote des filles pauvres (1779-82).—Procès de canonisation du Vén. Serviteur de Dieu, Benoît-Joseph Labre, son diocésain; ses sentiments à ce sujet. —Synodes des doyens (1782-1785); translation solennelle des reliques de St Omer et de St Folquin (1787).

L'admiration qu'on éprouve pour la profondeur des écrits de l'évêque de Boulogne et pour cette œuvre monumentale, qui lui a coûté vingt années de travaux, ne doit pas nous faire oublier de dire avec quelle ardeur il s'occupait du bien de son diocèse. Pendant cette dernière période de sa vie, lorsqu'il devait être, pour ainsi dire, absorbé par la composition de son savant ouvrage, nous le voyons continuellement publier ces mandements de circonstance dont nous donnons la liste, encore incomplète, dans notre *Index bibliographique*. On y remarque toujours le même amour de la France et de ses rois, la même sollicitude pour tout ce qui touche aux grands intérêts du pays, mais surtout la même foi, ingénieuse et féconde, qui lui fait trouver en tout l'occasion d'instruire son peuple, et de rappeler les hommes à la pensée de Dieu. Il serait trop long et aussi trop difficile de le suivre, à travers le labyrinthe des événements divers qui lui font prendre la plume. Nous nous bornerons à signaler quelques faits particuliers, dignes de notre attention.

Mentionnons d'abord la réimpression des statuts diocésains, faite en 1770, avec de nombreux appendices, qui renferment la plus grande partie de ses mandements sur l'exercice du saint ministère. Deux ans après, afin de compléter, en quelque sorte, ce qu'il avait fait précédemment, en faveur du culte des saints locaux, il résolut d'enrichir sa Cathédrale de quelques parcelles de leurs reliques. L'église de Boulogne, autrefois renommée pour l'honneur qu'elle rendait à ces pieuses dépouilles, s'en était vue déposséder par les horreurs des guerres et les fureurs de l'hérésie. Les ossements des saints pontifes qui avaient illustré l'église de Térouanne, avaient été partagés principalement entre Ipres et Saint-Omer : Boulogne n'en avait eu que la moindre part. Plein de vénération pour ceux qui avaient arrosé de leur sang ou de leurs sueurs le sol confié à ses soins, Mgr de Pressy parvint à réparer un peu ces pertes. Il obtint de son vieil ami, l'évêque d'Amiens, des vénérables chapitres de cette même ville et de Saint-Quentin, « plusieurs parties considérables » des corps de saint Fuscien et de saint Victoric. On déposa les saintes reliques dans « la chapelle, nommée vulgairement la *Capelette* » et connue aujourd'hui sous le nom de chapelle de Saint-Sang, où tout le clergé de la ville et des environs les alla chercher, pour les porter à la Cathédrale dans une procession solennelle (12 septembre 1773).

Si la pieuse attention avec laquelle l'Église veille sur les restes de ses enfants, si l'honneur dont elle entoure la dépouille terrestre de ceux qui jouissent de l'éternelle béatitude, est l'expression des sentiments les plus délicats de son cœur maternel, que dirons-nous de l'empressement avec lequel elle cherche à ouvrir le ciel à tout ce qui naît enfant d'Adam, capable d'hériter du royaume de Dieu? C'est ce dernier sentiment, c'est ce zèle du salut des âmes, qui porta, en 1774, le vertueux pontife à publier un mandement sur la « conservation temporelle et le salut éternel » des enfants qui sont dans le sein de leurs mères. L'abbé Dinouart venait de faire paraître la traduction abrégée d'un ouvrage italien de Cangiamila [1], sur l'*Embryologie sacrée* [2]. L'évêque de Boulogne embrassa immédiatement la doctrine de ce théologien. Dans le mandement qu'il publia à ce sujet, il recommande, de la manière la plus pressante, aux prêtres, aux médecins et, en général, à toutes les personnes qui se trouveront à portée de le faire, l'obligation où ils sont de procurer la grâce du baptême, par tous les moyens possibles, aux enfants qui sont exposés à mourir dans le sein de leur mère, fallût-il pour cela recourir à l'opération césarienne. Il s'y élève avec force contre une espèce d'infanticide que la loi humaine ne peut atteindre, et dont beaucoup de

[1] Chanoine-théologal de l'église métropolitaine de Palerme, mort en 1763.

[2] *Abrégé de l'Embryologie sacrée, ou traité des devoirs des prêtres, des médecins, des chirurgiens et des sages-femmes envers les enfans qui sont dans le sein de leurs mères*, par M. l'abbé Dinouart, in-12, Paris, Nyon, 1766.

malheureuses mères se rendent coupables, lorsqu'elles détruisent le fruit de leurs entrailles dès le premier instant de sa conception, et qu'elles replongent ainsi dans la mort, l'être qui s'éveillait à l'existence. Admirable sollicitude de la religion chrétienne, pour laquelle l'homme, créé à l'image de Dieu, est une si grande chose ! La science hésite à se prononcer... ; ce peu de matière humaine qui palpite au seuil de la vie, est-ce un homme ? L'Église accourt avec l'eau sainte : *Si tu es capable d'être baptisé, je te baptise;* si tu es un homme, sois l'enfant de Dieu et le frère du sauveur Jésus!

En 1778, Mgr de Pressy fut obligé de prendre une mesure qui coûta beaucoup à son cœur. Lui qui avait tant fait pour développer, à l'aide des pratiques extérieures, la foi et la piété dans son diocèse, fut contraint de supprimer plusieurs fêtes et de diminuer l'honneur public, rendu à Dieu et à ses saints, au nom de l'Église universelle.

Sous Mgr de Perrochel, les fêtes de précepte, qui étaient au nombre de plus de cinquante, avaient été déjà considérablement réduites. Par une disposition des statuts de 1746, celles qui arrivaient pendant les mois de juillet, août et septembre, à l'exception de l'Assomption et de la Nativité de la Sainte-Vierge et de la fête de saint Louis, second patron de la Cathédrale de Boulogne, furent transférées au dimanche. Il restait cependant encore annuellement trente et une fêtes chômées, dont deux jusqu'à midi seulement.

Dans une assemblée des vicaires-généraux et des doyens de chrétienté, quelques années avant 1778, on exposa au pieux évêque qu'une grande partie de son clergé et le reste de son troupeau désiraient, comme « agréable et avantageux pour le » temporel et même à certains égards pour le spirituel, » qu'on restreignît le nombre des jours fériés. Mgr de Pressy nous apprend lui-même comment il accueillit cette proposition. « Nous ne voulûmes pas, dit-il, précipiter notre décision sur » une matière qui nous parut respectable dans son objet, » délicate dans sa nature, importante dans ses suites. Nous » crûmes pouvoir suivre la prudente règle de conduite d'un » grand Empereur, qui avoit pour maxime de ne se hâter que » lentement, et qui disoit que le laps du tems et l'attente des » conjonctures favorables augmentoit du double son espoir du » succès des affaires. Non contens de supplier le Père des » lumières d'éclairer nos ténèbres, nous consultâmes le prélat » en qui nous avions plus de confiance, Mgr de la Motte, » évêque d'Amiens, notre consécrateur, dont la mémoire sera » en éternelle bénédiction dans son diocèse, où il est mort en » grande odeur de saintoté. Il fut d'avis d'écrire à Rome, pour » sçavoir là-dessus les dispositions du Saint-Siége. Nous en » reçûmes des éclaircissemens, qui, mêlés de nuages, ne dissi- » pèrent point, par leurs rayons peu lumineux, toutes les obscu- » rités de nos doutes. Ayant appris que l'illustre archevêque » de la capitale du royaume (Christophe de Beaumont), vouloit » y supprimer des fêtes, nous prîmes le parti d'attendre qu'il » eût effectué sa résolution. Son mandement, que nous avons » lu avec autant d'édification que de plaisir, et les lettres- » patentes du roi, dans lesquelles Sa Majesté déclare qu'elle le » loue, l'approuve et le confirme, ont fait impression sur notre » esprit. »

La lecture d'un ouvrage de Muratori sur l'origine des fêtes, lui fournit aussi quelques considérations pour calmer les appréhensions de sa conscience. De toutes parts, on le pressait d'accomplir cette réforme. Les officiers municipaux des villes de

Boulogne, de Calais et d'Ardres lui avaient présenté des requêtes à ce sujet. Ils alléguaient les progrès toujours croissants de l'indigence publique, augmentée encore par les désordres auxquels on se livrait ces jours-là. Si l'évêque se prêtait à leur désir, il y avait lieu de s'attendre à ce qu'on apporterait quelque soulagement à « la misère répandue dans les villes et les cam- » pagnes. » Mais, peu touché de cette dernière considération, envisageant les choses au point de vue de la foi, Mgr de Pressy ne pouvait admettre que la fidélité à sanctifier les dimanches et les fêtes, « mêmes nombreuses, » fût une cause d'appauvrissement pour les peuples ; et il témoigna de la plus grande « répugnance » à céder à ces conseils.

Cependant, il trouva dans « l'exemple d'un grand nombre de » prélats, distingués par leurs lumières et par leur piété, » comme aussi dans la paternelle condescendance qui le portait à se faire faible avec les faibles, des motifs, qui, « pesés dans la » balance du sanctuaire, » lui ont paru « prépondérants, en » faveur de la suppression demandée. »

Il le fait, dit-il, « comme un moindre inconvénient, devenu, » à raison des circonstances, nécessaire, ou utile, ou tolérable, » pour en empêcher et en prévenir de plus grands ; » espérant qu'on observera mieux les fêtes qui seront conservées et que les magistrats auront soin de mieux tenir la main à l'exécution des ordonnances royales sur ce point. Il le fait, « à regret, en » gémissant, avec la juste douleur » que lui inspire cette réflexion : « Que sont devenus les jours anciens, les beaux » jours du christianisme ? A quel tems, s'écrie-t-il, Seigneur, » nous avez-vous réservés, pour exécuter dans nos jours, sous » nos yeux, avec l'autorité sainte que vous avez daigné mettre » en nos mains, cet arrêt vengeur que vous prononçâtes autre-

» fois à votre peuple, profanateur de la sainteté de ses fêtes : » *Je ne peux souffrir vos fêtes, parce que l'iniquité règne* » *dans vos assemblées ?* »

Il ne resta plus que dix-neuf fêtes chômées, et l'obligation d'entendre la messe le jour de la Commémoration des morts. Mais rien ne fut changé aux offices de l'Église ; et, pour conserver quelques souvenirs de l'ancienne dévotion, l'évêque institua, pour chacun de ces jours, un salut, à la fin duquel on donnerait « la bénédiction du Très-Saint-Sacrement avec le saint- » Ciboire. » Quelques jeûnes, observés jusqu'alors dans les vigiles des fêtes supprimées, furent également retranchés : il y suppléa en réglant qu'on jeûnerait désormais les deux premiers vendredis de l'Avent.

Nous nous sommes étendu complaisamment sur ces détails, parce que nous avons cru qu'ils étaient très-propres à faire connaître avec quelle piété respectueuse Mgr de Pressy touchait aux choses saintes. Nous l'avons montré à l'œuvre ; on l'a entendu parler lui-même de ses appréhensions et de sa douleur, en se voyant obligé de déplacer, sur ce point, suivant son expression, « les bornes posées par ses pères. »

Le droit canonique romain ne lui permettait pas de supprimer ces fêtes, sans l'approbation du Souverain-Pontife, depuis qu'Urbain VIII avait fait de cette matière une réserve Apostolique, qui restreint le pouvoir dont les évêques jouissaient auparavant. Nous savons que Mgr de Pressy a consulté le Père commun des fidèles; mais, ignorant ce qui lui a été répondu, nous ne pouvons juger à quel point il a pu, en cette rencontre, violer des règles que l'on prétendait ne pas reconnaître en France.

Vingt-trois ans plus tard, les fêtes chômées étaient réduites à QUATRE, par le *Concordat !*

Mgr de Pressy trouvait toujours dans son cœur épiscopal quelque nouvelle invention, propre à encourager la vertu et la piété. Ainsi, en 1779, il institua, en commençant par la paroisse de Saint-Nicolas de la Basse-Ville de Boulogne, une cérémonie religieuse, dont il régla lui-même les détails, pour la délivrance d'un prix public, destiné à la fille pauvre la plus vertueuse. Un chapeau de roses en était l'honneur, une dot d'environ cinq cents francs, la récompense. Cette somme était « le produit des intérêts annuels d'un capital mis en consti- » tution de rente par une personne qui désirait n'être pas » connue » et dans laquelle nous ne pouvons voir que le modeste et charitable prélat. La même institution fut, bientôt après, implantée par ses soins dans les six paroisses où l'évêché de Boulogne avait des seigneuries, (Alquines, Brunembert, Fruges, Humières, Lisbourg et Saint-Martin-d'Hardinghem), au moyen d'un autre capital de 36,000 livres, placé sur le clergé de France, (3 août 1780). Puis ce fut le tour de la paroisse de Saint-Joseph, dans la Haute-Ville de Boulogne, grâces à un nouveau capital de 6,000 livres, (26 février 1782).

Ces libéralités dépassaient l'imagination des contemporains. On estimait à 15,000 livres, les revenus de l'évêché de Boulogne. Si l'on y joint ceux de l'abbaye de Ham (diocèse de Noyon), que le prélat avait obtenue en échange de celle de Clairfay, on arrivera au chiffre de « quarante à cinquante mille livres [1]. » Il faudrait encore tenir compte de ce que pouvait lui valoir sa fortune particulière, dont nous n'avons pas l'appréciation. Quoiqu'il en soit, ceux qui, au dire des vicaires-généraux, con-

[1] C'est le chiffre indiqué par Abot de Bazinghen dans son journal manuscrit.

naissaient ses revenus, « ont toujours eu de la peine à concevoir » comment, malgré tant de fondations et d'établissemens qui » exigeoient des sommes si considérables, il pouvoit encore » faire des aumônes aussi étendues et aussi multipliées [1]. » Outre les rosières, il avait en maintes occasions doté de pauvres filles, et avait fourni à plusieurs les moyens d'entrer dans des communautés; il avait établi, en plusieurs endroits, dans les bourgs et les campagnes « des manufactures, » probablement des espèces d'ouvroirs, et des écoles de filles [2]. Nous avons déjà parlé de ses grandes largesses envers les pauvres de son diocèse. Il ne se bornait pas là : son cœur embrassait l'univers entier; sa charité était catholique comme sa foi. S'il n'avait pas pris un soin si exact de cacher à sa main gauche ce que faisait sa main droite, nous pourrions peut-être savoir combien, chaque année, il a consacré de sommes à la propagation de la foi, depuis son enfance, où son père le chargeait déjà d'offrir des secours aux missions étrangères, afin de cultiver les instincts de la charité dans le cœur de son fils. Une quittance, égarée par M. de Montgazin, est parvenue jusqu'à nous. On y lit qu'au mois d'avril 1789, l'évêque de Boulogne avait envoyé « 1200 livres, » pour être employées à la mission de M. Mercier, missionnaire » apostolique dans la Guyane-Française. » Il avait, en outre, fait des fondations pour l'entretien de catéchistes dans les missions. « Fixés dans certains lieux, disait-il, nous ne pouvons pas » aller enseigner toutes les nations et prêcher la foi dans les » terres lointaines; mais ce que nous ne pouvons point par » nous-mêmes, nous le pouvons par d'autres [3]. »

[1] Mandement cité, p. 9.
[2] Abot de Bazinghen, journal cité.
[3] *Oraison funèbre*, p. 31.

Que serait-ce, si nous pouvions énumérer toutes ses libéralités, en faveur du Grand-Séminaire et des missions diocésaines, de l'hôpital à l'administration duquel il présidait régulièrement tous les vendredis, des écoles chrétiennes des Frères où il donnait lui-même des récompenses aux enfants ! Les anges de Dieu en savent le nombre ; mais, jaloux d'en garder seuls la connaissance, ils les ont dérobées au profane regard des mortels.

Cet ami, ce père des malheureux et des pauvres, mérita de voir glorifier la pauvreté dans la personne d'un de ses diocésains, Benoît-Joseph Labre, mort à Rome, en odeur de sainteté, le 16 avril 1783. Dans la vie de celui qui, sous l'inspiration d'En-Haut, avait mené une conduite insensée selon le monde, mais héroïquement sainte au point de vue de la foi ; dans les miracles notoires qui s'opéraient chaque jour sur la tombe du mendiant romain, il voyait un éclatant démenti donné par Dieu à la philosophie du siècle. Combien ces faits merveilleux allaient servir « au triomphe de la religion, à la confusion de » l'impiété, à l'affermissement de la foi, à l'encouragement de la » ferveur [1]. » Les philosophes eux-mêmes en sentirent l'importance : « Voilà qui va bien mettre en déroute vos Diderot et » vos d'Alembert, » écrivent les rédacteurs des *Mémoires secrets pour servir à l'histoire des lettres*, imprimés à Londres en 1783.

L'évêque de Boulogne accueillit ces nouvelles avec la plus vive allégresse. Quelle joie, quelle consolation, dit M. Coquatrix, la mort précieuse de son diocésain porta dans son cœur ! « Il » la regardait comme une des plus grandes bénédictions de son » épiscopat. On le vit reprendre à cette époque une nouvelle

[1] *Mandement* du 3 juillet 1784.

» vigueur; on le vit redoubler d'estime pour les vertus abjectes » que l'humble serviteur de Dieu avoit portées à un si haut » degré, et ses grands exemples servirent à nourrir et à animer » encore la ferveur du pieux évêque. Dieu lui ménageoit sans » doute ces grands encouragemens pour perfectionner sa vertu » et mettre le comble à ses mérites [1]. »

« Quel intérêt ne prenoit-il pas, disent aussi les vicaires-» généraux, à la gloire du serviteur de Dieu ! Quelle eut été sa » consolation s'il l'avoit vu placé au nombre des bienheureux, » à qui l'église permet de rendre un culte public, ainsi qu'il en » avoit l'espérance, si des formalités rigoureuses, et dont nous » devons respecter la marche lente mais sûre, ne s'y fussent » opposées [2]. »

Nous avons eu sous les yeux la plus grande partie des pièces qui ont trait à l'information *ex auctoritate ordinariâ*, que Mgr de Pressy fut chargé de faire faire devant sa Cour épiscopale. Pour donner une preuve du zèle et du pieux dévouement qu'il montra dans cette cause, il nous suffira de citer les dernières paroles de la lettre, par laquelle il envoya aux cardinaux de la sainte Congrégation des Rites, le résultat de son travail. Nous traduisons du latin : « Dieu veuille qu'après » m'avoir souffert depuis plus de quarante ans, malgré ma très-» grande indignité, à la tête de ce diocèse, je puisse voir » la solennité de la béatification avant d'arriver au terme de ma » carrière! Alors le Seigneur laissera aller son serviteur en paix, » après lui avoir donné, dans une heureuse vieillesse, cette » singulière consolation. Par là s'augmentera, s'il est possible,

[1] *Oraison funèbre*, p. 28

[2] Mandement cité, p. 7.

» le profond dévouement de mon cœur envers la sainte Église » romaine, que je déclare sincèrement vénérer et écouter comme la Mère et la Maîtresse de toutes les Églises; envers le » très-sage et très-distingué Pasteur et Père du monde catholique, qui rehausse encore, par le puissant empire de ses » vertus personnelles, la principauté suprême de sa chaire; et » envers votre sacrée Congrégation, qui, veillant avec un soin » louable, à la conservation sainte des rites sacrés, mérite d'être » grandement honorée par tous les hommes religieux, comme » étant le grand appui et le grand honneur de la religion. » (7 juin 1784).

Malgré son âge avancé, la multiplicité de ses travaux ne l'accablait pas. C'était toujours la même activité dans la visite de son troupeau, dans la vigilante administration de son diocèse. Pendant les années 1782, 83, 84 et 85, il tint, au mois d'avril, un synode des doyens, où il donna des *avis* importants qui ont été imprimés. On y remarque, par-dessus tout, un soin admirable de procurer la bonne éducation de la jeunesse. Les *avis* de 1783, par exemple, renferment un véritable traité sur les devoirs du catéchiste et sur les moyens de réussir dans ce pénible ministère. Pour gagner la confiance des enfants, il faut les aimer; les traiter paternellement et « par des motifs d'honneur; » employer « un sage tempérament de bonté et de sévérité, un salutaire mélange de douceur et de fermeté; » savoir, tout à la fois, se faire « aimer, craindre, respecter, obéir. » Il emprunte à Quintilien, à Sénèque, à Cicéron, à saint Augustin, leurs meilleurs préceptes de pédagogie : « S'il faut en venir au châtiment, ne le faire jamais que par degrés, laissant encore entrevoir l'espérance du pardon, et réservant les derniers pour » des fautes extrêmes et pour des maux désespérés. »

Avant de terminer ce chapitre, disons un mot d'une cérémonie solennelle dont la ville de Boulogne fut témoin, le 16 décembre 1787. Nous en empruntons le récit au *Journal ecclésiastique* [1] de l'abbé Dinouart. « Mgr l'évêque de Boulogne » désiroit avoir dans sa cathédrale, une partie des reliques » de saint Omer et de saint Folquin, ses deux plus illustres » prédécesseurs. La demande qu'il en a faite à l'évêque et au » Chapitre de St-Omer et à M. l'abbé de St-Bertin, a été favo- » rablement accueillie. La translation de ces précieuses dé- » pouilles, » (qui avaient été déposées dans l'église des Annonciades) « a été célébrée avec la plus grande solennité; » elles ont été exposées pendant huit jours à la vénération des » fidèles. Mgr l'évêque de Boulogne a donné à cette occasion » un mandement dans lequel ce culte religieux est également » établi et sur la doctrine des livres saints et sur la pratique » de l'ancienne Église. Le ton de piété qui règne dans son in- » struction pastorale, l'abrégé qu'on y trouve des travaux » apostoliques de Saint-Omer, les exhortations pathétiques qu'il » adresse à ses ouailles, tout enfin y respire le véritable zèle; » tout y rappelle à l'Église de France un de ses plus savans et » de ses plus respectables évêques, qui fait revivre en lui-même » ces vertus qu'il nous exhorte à honorer dans ses saints pré- » décesseurs. »

[1] Mars 1788. Cité à la fin de l'*Instruction pastorale sur les avantages de la foi*, p. lvij.

CHAPITRE XVII.

Coup-d'œil sur la discipline du diocèse par rapport au patronage des cures. — Mgr de Pressy établit un concours libre en 1763; puis le concours obligatoire dans la partie Artésienne de son diocèse en 1774; — soins qu'il prenait pour faire de bons choix.

Si nous avons différé jusqu'ici de faire connaître l'établissement du concours pour les cures, commencé en 1763 et régularisé définitivement en 1774, c'est parce que la pensée de cette institution est intimement liée à celle de la fondation du Petit-Séminaire, cette œuvre dernière par laquelle le vénérable prélat couronna toutes les autres.

Un des plus grands embarras que les évêques de ce temps rencontrassent dans l'administration de leur diocèse, c'étaient les entraves que divers priviléges particuliers apportaient au choix des sujets, pour la possession des bénéfices. Ainsi, des Abbayes, des Prieurés, des Chapitres et même des seigneurs laïques avaient sur un grand nombre de cures le droit de *patronage*, ou de *collation ;* c'est-à-dire que, la cure venant à vaquer, ils présentaient à l'évêque un prêtre de leur choix. Le prélat donnait l'institution canonique. Il pouvait la refuser sans doute, lorsqu'il le jugeait à propos pour le bien des âmes ; mais alors éclataient des procès tracassiers. Les prêtres refusés prenaient civilement possession des cures et en percevaient les revenus. En outre, il arrivait à chaque instant des rivalités de prétentions entre les collateurs. Il y avait par exemple, quelquefois, deux, ou même trois abbés, nommés, à des titres différents, qui se disputaient les revenus de quelque vieille abbaye ruinée ;

survenait-il une cure à pourvoir, aussitôt trois présentations diverses étaient faites à l'évêque, trois *visa* donnés, trois prises de possession, et par là trois curés, qui à l'imitation de leurs présentateurs plaidaient pour la cure [1]. Que devenaient les paroissiens ? L'évêque prenait sur lui de nommer, à la place des plaideurs, un desservant d'office ; mais alors, comment le faire vivre ?

Nous sommes loin de blâmer absolument l'intention de ceux qui ont contribué, dès le principe, à mettre les choses en cet état. Une abbaye, une communauté quelconque, un seigneur laïque avaient fondé une église sur leurs terres, l'avaient dotée de revenus pris sur leurs biens, de dîmes auxquelles ils avaient droit comme propriétaires fonciers ; n'était-il pas naturel que, d'accord avec l'autorité ecclésiastique, ils se fussent réservé le droit de présenter eux-mêmes le curé qui devait desservir leur fondation ? Mais, quelque légitime que pût être, au fond, la création de ces priviléges, il en résultait un dommage réel pour la discipline ecclésiastique.

Sur les 279 paroisses soumises à sa juridiction, l'évêque de Boulogne, n'en avait pas plus de 65 auxquelles il pût nommer sans conteste. Le patronage des autres cures appartenait, pour une moitié environ aux Abbayes, Chapitres et Communautés diocésaines, et, pour l'autre moitié, il était aux mains de dignitaires étrangers au diocèse, tels que les évêques et les chanoines d'Ipres et de Saint-Omer, et plusieurs abbés et abbesses des diocèses d'Arras, de Noyon, de Soissons, d'Amiens, etc.

[1] Cela n'est pas une exagération : nous pouvons citer, entre autres preuves, les nominations aux cures qui dépendaient de l'abbaye de La Capelle.

Deux cures appartenaient à des corps laïques, deux au roi de France, deux autres à des seigneurs locaux. On conçoit tout ce que l'intrigue, la faveur, les préventions , la chicane, pouvaient introduire d'abus dans la collation des bénéfices et apporter d'obstacles dans l'administration du diocèse.

Le Concile de Trente[1] avait prescrit l'institution d'un concours, au moyen d'examens théologiques par lesquels on pouvait reconnaître le mérite des sujets présentés. Mais, comme les décrets disciplinaires de cette sainte assemblée n'avaient pas été *reçus* en France, grâce aux précautions des parlements, nos diocèses conservaient précieusement leurs abus, sous le nom spécieux de *libertés gallicanes.*

Mgr de Pressy, comprenant toute la responsabilité qui pèse sur un évêque relativement au choix des pasteurs à qui il doit confier la conduite du troupeau, résolut d'apporter un remède aux maux de son diocèse, en y établissant les concours, autant qu'il le pouvait sans violer la loi civile et s'attirer des procès désagréables. Dès l'année 1763, il publia un *Avertissement* dans lequel il rappelle aux présentateurs la gravité de leurs devoirs. Puis, comme il n'est pas en son pouvoir de faire plus, il veut que les cures qui sont à sa nomination, ou qui auront été remises à sa disposition par les patrons, soient désormais conférées, « par un espèce de concours, aux sujets les plus méritans.» Les gradués, c'est-à-dire ceux qui avaient pris des grades théologiques dans les Universités, et qui, après avoir fait signifier leurs grades aux patrons ou collateurs, avaient seuls le droit d'être présentés aux cures qui venaient à vaquer dans certains mois de l'année, étaient appelés au concours, même pour « celles

[1] Sess XXIV, cap. 18.

dont la vacance tomberoit en d'autres mois. » Outre les gradués, l'évêque n'admit à cette épreuve que « les prêtres qui auroient » exercé les fonctions pastorales pendant cinq ans, en qualité de » vicaires, ou dans une place équivalente. »

« A l'ouverture de chaque concours, qui commencera, au » plus tard, à huit heures du matin et qui se fera à l'Évêché ou » au Séminaire, » on posera « à chaque concurrent trois ques- » tions, l'une sur le dogme, l'autre sur la morale et l'autre sur » l'exercice des fonctions du ministère, conformément aux règles » prescrites dans le Rituel du diocèse. Ils mettront par écrit la » solution de ces trois questions, à laquelle chacun d'eux ne » pourra travailler que pendant l'espace de trois heures. » (Art. vj.)

« A une heure après-midi, ils se rassembleront dans la même » salle pour y composer une courte homélie ou pieuse exhor- » tation sur un texte de la Sainte-Écriture, lequel leur sera in- » diqué. A quatre heures au plus tard, ils remettront ladite » homélie ou exhortation. » (Art. vij.)

» Depuis quatre heures jusqu'au soir, chacun d'eux montera » en chaire, pendant environ un demi-quart d'heure, pour y » prononcer l'exorde de quelque sermon ou prône, qu'ils auront » composé et appris par cœur avant que de venir au concours. » (Art. viij.)

L'évêque de Boulogne ne s'en tint pas à ce commencement de réforme. La partie de son diocèse, comprise dans la province d'Artois, avait été long-temps soumise aux rois d'Espagne, qui y avaient mis en vigueur les décrets du Saint-Concile de Trente, en donnant à ses règlements sur la réforme l'*exequatur* de l'autorité civile. Déjà l'évêque d'Arras avait obtenu du roi de France, après bien des tracasseries parlementaires, une *décla-*

ration, pour soumettre au concours toutes les cures de son diocèse, quels qu'en fussent les patrons. Mgr de Pressy poursuivit en Cour l'obtention d'un semblable privilége, pour toutes les cures du diocèse de Boulogne qui appartenaient à la province d'Artois : c'était plus de la moitié, près de cent cinquante. Il l'obtint, nous ne saurions dire après combien de démarches, la dernière année du règne de Louis XV, le 26 février 1774.

Nous citerons le préambule de cette pièce, qui est un précis des représentations de l'évêque de Boulogne :

« LOUIS, par la grâce de Dieu, etc.

» Les avantages que retirent du concours les paroisses de » notre province d'Artois où les cures vacantes sont conférées » par cette voye, Nous ont déterminé à le maintenir par notre » déclaration du 29 juillet 1744, dans le diocèse d'Arras, où » il venoit d'éprouver des contradictions. Les mêmes avantages » ont excité l'évêque de Boulogne à nous représenter qu'une » partie très-considérable de son diocèse est située en Artois ; » que le concours a été institué dans le Pays-Bas, en confor- » mité du concile de Trente, qui y a été reçu sans modifica- » tions à cet égard ; que les lettres-patentes, données par le roy » d'Espagne, pour la réception des décrets de ce concile, » s'étendent à toute la province d'Artois ; qu'en conséquence, » les évêques de Boulogne se seroient sans doute empressés » de procurer par ce moyen de dignes pasteurs aux paroisses » de leur diocèse situées en Artois, s'ils avoient été eux-mêmes » soumis aux rois d'Espagne : que la différence de domination, » qui suspendit l'activité de leur zèle pour l'exécution des loix » d'une puissance étrangère, ne subsiste plus depuis la réunion » de l'Artois à notre couronne ; que l'observation des règle-

» mens et usages reçus dans cette province pendant qu'elle
» étoit soumise de fait à la maison d'Autriche, y a toujours été
» maintenue, soit par Nous, soit par nos augustes prédéces-
» seurs ; que la discipline du concile de Trente est exécutée sur
» tous les autres objets, dans les paroisses de son diocèse
» situées en Artois ; et qu'il a lieu d'espérer que Nous voudrons
» bien y faire observer un règlement aussi intéressant pour le
» bien des peuples que pour le maintien de la discipline.

« Ces représentations nous ont paru d'autant plus dignes
» de notre attention qu'elles sont fondées sur des loix précises
» et qu'elles tendent à ne confier de soin des âmes qu'aux
» ministres de la religion, qui joignent aux connaissances de
» leur état toutes les qualités pastorales dans le degré le plus
» éminent.

« A ces causes, nous avons dit,..... déclaré et ordonné....
» que toutes les cures du diocèse de Boulogne situées en
» Artois, dont la collation ou présentation appartient à des
» collateurs ou patrons ecclésiastiques, seront à l'avenir con-
» férées par la voye du concours, à l'exception de celles dont
» les collateurs, ou patrons, auroient obtenu, depuis la publi-
» cation du Concile de Trente, des titres particuliers, à l'effet
» de les conférer de plein droit et sans concours. »

Cette *déclaration* combla de joie l'évêque de Boulogne. La mesure prise par le gouvernement était d'autant plus utile, que sur les cent cinquante cures d'Artois, l'évêque n'en avait pas vingt à sa disposition, et que plus de soixante-dix avaient leur patron dans des diocèses étrangers. Aussi, jusqu'au traité des Pyrénées et à la paix de Nimègue, les cures d'Artois avaient presque toujours été mal administrées, l'évêque ne pouvant qu'avec peine y faire ses visites et trouvant beaucoup d'obstacles pour exercer son ministère avec indépendance, à cause de la différence des gouvernements. La réunion de cette province à la France avait été un grand bienfait sous ce rapport : elle permit au pasteur de gouverner son troupeau et au troupeau d'obéir à son pasteur.

Après avoir obtenu du roi la déclaration que nous venons de citer, enregistrée au Parlement le 23 avril et publiée à la Sénéchaussée du Boulonnais le 18 août, l'évêque de Boulogne donna, le 3 septembre suivant, un mandement pour l'établissement du concours et les règles qu'on y devait suivre. Les dispositions dont nous avons parlé plus haut, furent à peu près toutes conservées, sauf qu'il exigea une courte homélie sur un passage de l'Écriture-Sainte, qui devait être prononcée à la fin du concours. Cette homélie devait être composée et apprise séance tenante.

Il prit occasion de ce mandement pour traiter la question de l'émulation dans son clergé. « Dans toutes les professions, dit-il, » et spécialement dans le clergé, qui, étant le premier ordre de » l'État, doit servir de modèle aux autres, l'émulation ne peut » être trop excitée et entretenue par des avancemens honorables » et par d'utiles distinctions, justement décernées, ou destinées » à la récompense d'un mérite distingué. Ce sont là les princi- » pes d'un sage gouvernement, que nous avons eu en vue, lors- » qu'en 1763 nous établîmes le concours pour les cures qui » sont à notre nomination. Une expérience de dix ans nous a » fait connoître les grands avantages qu'il procure aux ecclé- » siastiques, en les animant à se rendre dignes, par la régula- » rité de leurs mœurs, par leur application à l'étude, par leur » fidélité à remplir leurs devoirs et leurs fonctions, d'être appe- » lés à un ministère aussi important que celui de curés. Nous

» avons lieu d'espérer que ces avantages vont augmenter, à » cause du plus grand nombre de cures qui vont être mises » au concours. »

Ces paroles s'adressent plus spécialement aux vicaires. Dans ses règlements, l'évêque voulut prévenir tout ce que la fièvre des déplacements pouvait avoir de fâcheux pour les paroisses. Aussi, et cela dès ses premiers actes, il statua que ceux qui seraient déjà pourvus d'une cure, dont ils seraient paisibles possesseurs, ne pourraient être, admis au concours pour une autre cure, si ce n'est en vertu d'une permission spéciale de sa part, lorsqu'il aurait jugé légitimes les raisons qu'ils pourraient avoir de passer d'un bénéfice à un autre. Il exhorta aussi ses prêtres à user le moins possible des facilités que les lois ecclésiastiques et civiles offraient pour la résignation et la permutation des bénéfices, transactions dans lesquelles l'autorité épiscopale n'intervenait qu'après coup, pour ratifier des faits accomplis, auxquels elle n'avait pas le pouvoir de s'opposer.

Pour sauver le droit des présentateurs et leur laisser au moins l'apparence d'un privilége, il fut réglé qu'ils choisiraient désormais entre les trois sujets qui auraient été jugés au concours « être les plus propres à remplir la cure vacante. » Les cures d'Acquin et d'Œuf, l'une dépendante de l'abbé de Saint-Bertin, l'autre des administrateurs du collége de Douai, sont les premières auxquelles les nouveaux règlements furent appliqués, en vertu d'un concours qui eut lieu le 5 octobre 1774. Nous ne savons pas qu'il y ait eu de résistance sérieuse de la part des patrons ecclésiastiques.

Il paraît que l'évêque de Boulogne avait formé le projet de travailler petit à petit à faire rentrer les cures du diocèse sous son patronage, au moyen de transactions amiables avec les présentateurs. C'est ainsi qu'en cédant certains droits plus honorifiques qu'utiles, sur des chapellenies et des bénéfices peu importants comme charge d'âmes, il obtint de son chapitre la remise de seize cures, dont neuf en Artois et sept en Boulonnais.

Nous ne terminerons pas cette partie de notre travail sans citer encore les paroles que ses fidèles coopérateurs prononcèrent sur sa tombe à peine fermée : « Le choix des pasteurs, » dit M. Coquatrix, étoit à ses yeux une des plus importantes » parties de son ministère. Des prières ferventes et un dé- » tachement entier de toute considération humaine y présidoient. » Il avait « le plus grand éloignement » pour toute acception de personnes et pour toute « préférence qu'il n'eût pas crue » fondée sur le mérite. Combien il se défioit, ajoute-t-il, de ces » recommandations dictées par une amitié aveugle, ou par une » bonté trop facile ; combien il craignoit d'écouter la voix de la » chair et du sang ! Peut-être eût-il accordé à des étrangers ce » qu'il refusoit à ses proches ! Il n'oublioit aucun des moyens » qui pouvoient soutenir, dans ceux qui étoient destinés aux » fonctions pastorales, l'amour du travail et la fidélité à leurs » devoirs, et l'éclairer lui-même sur leur conduite et leur ca- » pacité [1]. » Le concours avait produit sous ce rapport les résultats les plus satisfaisants ; et, nous disent les grands-vicaires, « l'expérience qu'il avoit faite de leur utilité lui faisoit former » les vœux les plus ardens pour qu'il fût établi dans tout le » royaume [2]. »

[1] *Oraison funèbre*, p. 30.
[2] *Mandement*, cité p. 5.

CHAPITRE XVIII.

Disette de prêtres indigènes. — Fondation du Petit-Séminaire. — Détails à ce sujet (1784-1789).

L'établissement du concours devait avoir pour résultat de concentrer davantage les bénéfices diocésains entre les mains des prêtres originaires du pays, et d'opposer une barrière à l'immigration des prêtres étrangers. Le diocèse de Boulogne en avait toujours eu beaucoup dans son sein. Sur 524 ecclésiastiques, nommés dans le registre des provisions, entre 1576 et 1587, on en comptait 137 venus des diocèses voisins. En 1725, sur les 279 curés employés au ministère des paroisses, on en trouve encore à peu près une soixantaine. Par la fondation d'un grand-séminaire à Boulogne, Mgr de Perrochel et ses successeurs avaient dû multiplier les vocations. Sous Mgr de Pressy (c'est lui-même qui nous l'apprend), il en venait encore beaucoup du dehors pour remplir les cures vacantes, « auxquelles ils étoient présentés par les patrons. » Mais comme, depuis le concours, ces derniers ne pouvaient faire porter leur choix que sur des sujets diocésains, dans les mois non affectés aux gradués, l'évêché de Boulogne commençait à souffrir de la disette des prêtres.

On pourrait à bon droit s'étonner de ce que ce diocèse, fondé en 1566, n'ait vu commencer l'établissement d'un Grand-Séminaire qu'en 1668, et celui d'un Petit-Séminaire que plus d'un siècle après. Ne s'y était-il donc pas trouvé, à part Mgr de Perrochel, un homme qui eût, en la Providence, cette foi qui soulève même les montagnes?

Cet honneur était réservé à Mgr de Pressy. Après avoir institué les concours, il résolut de travailler à la fondation d'un Petit-Séminaire. Le collége de l'Oratoire de Boulogne et celui des Minimes de Calais, étaient à peu près les seuls établissements d'instruction publique dont le pays fût doté. Mais il n'y avait point d'internes; et, comme le disent les vicaires-généraux dans leur mandement du 14 octobre 1789, déjà cité plusieurs fois, « on avait souvent représenté à ce digne prélat les dangers » que couroient pour leur vertu et leurs mœurs, » les jeunes gens qui étudiaient dans la ville, sans surveillance et livrés à eux-mêmes. Ceux des externes de l'Oratoire, qui « se desti- » noient à l'état ecclésiastique, y entroient souvent avec des » vices et des passions, qu'une jeunesse passée dans la dissipa- » tion et sans être surveillée avoit fait naître, ou développés. » Plusieurs autres, avec des dispositions naturelles pour les » sciences, manquoient de moyens suffisans pour faire leurs » études, qui exigeoient pendant longtemps des dépenses au- » dessus de leurs facultés [1]. »

Les doctrines un peu jansénistes et frondeuses des Oratoriens, la position civile qu'ils occupaient dans la ville de Boulogne, où ils étaient plutôt sous la main du magistrat que de l'évêque, n'inspiraient peut-être pas à ce dernier une confiance bien illimitée dans la pureté de leur enseignement. Il ne paraît pas cependant qu'il ait jamais eu de démêlé fâcheux avec les Oratoriens; et nous comptons pour peu de chose un incident que les *Nouvelles Ecclésiastiques* racontent fort longuement dans la feuille du 8 mai 1747. Nous savons que Mgr de Pressy présida

[1] Mandement cité, p. 8.

maintes fois la distribution des prix à l'Oratoire, et notamment trois ans après l'incident auquel nous faisons allusion [1].

Si quelques nuages se montrèrent dès le principe, ils furent donc bientôt dissipés. Du reste, c'est aux classes de l'Oratoire que l'évêque de Boulogne envoya les internes de son Petit-Séminaire.

La réalisation de cette œuvre l'occupa pendant les dernières années de sa vie. Un commencement d'exécution avait déjà été tenté par un prêtre, dont le zèle, la science et la piété sont encore aujourd'hui renommés parmi nous. Laurent-Joseph Cossart, curé de Wimille depuis le 30 avril 1781, avait fondé au chateau de Lozembrune un petit pensionnat, où il préparait de jeunes enfants aux études sacerdotales. C'était la première pierre du Petit-Séminaire de Boulogne. On dit encore des merveilles de la charité industrieuse de ce prêtre vénérable et du dévouement paternel avec lequel il pourvoyait à l'entretien de cette naissante pépinière.

Dans le synode du 21 avril 1784, Mgr de Pressy fit part à ses prêtres du projet qu'il avait conçu et auquel il avait déjà mis la première main. La rareté des prêtres lui faisait désirer d'augmenter le nombre des aspirants à la cléricature, « en

[1] Nous possédons un exemplaire des oraisons funèbres de Bossuet, relié aux armes de Mgr de Pressy, à la première page duquel on lit :

Ex munificentia illustrissimi
D. D. de Pressy episcopi Boloniensis
in collegio SS. oratorii D. J. Hoc
memoriæ præmium
meriti sunt ex æquo Ludovicus
de Fourmanoir et Joannes
Clery An. D. 1750.

» facilitant par des bienfaits les moyens d'y entrer et d'y avancer,
» en aidant les pères de famille pauvres à faire étudier leurs
» enfans, et en les y excitant par la perspective d'un grand
» nombre de bourses ou de demi-bourses, » qu'il espérait y
fonder, « en faveur de la jeunesse indigente. »

« Si nos facultés, dit-il, destinées en partie à subvenir aux
» autres besoins des pauvres de notre diocèse, ne nous per-
» mettent pas de donner à cette excellente œuvre de miséri-
» corde spirituelle et corporelle toute la vaste étendue que nous
» souhaiterions, nous lui donnerons du moins, avec l'aide du
» Seigneur, toute celle qui sera en notre pouvoir. Nous y
» emploierons d'autant plus volontiers une portion considérable
» de nos revenus, que ce sera le moyen d'ouvrir, avec les clefs
» de la science et de la piété, les portes du sanctuaire à beaucoup
» de bons sujets, auxquels l'indigence en ferme l'entrée, quoi-
» qu'ils aient de l'aptitude à y servir l'autel en dignes ministres
» de Jésus-Christ. Il n'est point rare, continue-t-il, de voir cette
» aptitude dans les enfans pauvres, dont les heureuses dispo-
» sitions du corps, de l'esprit et du cœur, jointes à leur incli-
» nation pour l'état ecclésiastique, annoncent qu'ils y sont
» appelés; mais leurs parens, qui souhaiteroient seconder leur
» vocation, en sont souvent empêchés par l'impuissance de les
» soutenir pendant un long cours d'études dispendieuses. »

C'est surtout dans les campagnes qu'il espérait trouver
« quelque Elisée, quelque Amos que Dieu tirera un jour de la
» charrue ou de la bergerie, pour en faire un prophète, un
» docteur, une lumière de son Église. Il y a encore, dit-il, des
» exemples illustres qui font voir que Dieu se plaît à tirer des
» enfans pauvres de la poussière d'une basse extraction, pour
» les élever aux principaux emplois des diocèses, où ils brillent

» comme des astres, et où ils ne sont parvenus que parce qu'un » bon curé, ou vicaire, ou maître d'école, les a formés de bonne » heure à la piété. »

Outre ces raisons de charité et de générosité en faveur des pauvres, il voulait offrir à la jeunesse studieuse un abri sûr où elle pût se former à la piété et aux vertus sacerdotales. Car, demeurant, comme ils le faisaient, « dans les maisons bourgeoises, » où ils avaient la plus grande facilité de « s'amuser à la bagatelle et même de se pervertir en y respirant l'air contagieux du monde corrompu, » il y avait « un grand obstacle » à ce qu'ils y menassent « une vie utilement appliquée et sagement réglée. »

Un bâtiment, capable de recevoir « plus de cent écoliers, logés séparément, » fut élevé auprès de l'église cathédrale, sur les terrains de l'ancien cimetière de la Haute-Ville, aux frais de l'évêque. Son humilité ne lui permit pas de révéler au public l'auteur de cette bonne œuvre, et il refusa d'y laisser mettre l'inscription suivante, qu'un Boulonnais [1] composa pour cette circonstance, et que nous croyons devoir reproduire comme document historique :

FRANCISCUS-JOSEPHUS DE PRESSY,
BOLONIENSIS EPISCOPUS
DEO DIŒCESANISQUE DILECTUS
AD PROPAGANDAM FIDEM MORESQUE COERCENDOS
HOC QUOD IN CORDIBUS JAMDUDUM EREXERAT
RELIGIOSÆ PIETATIS UTILITATISQUE PUBLICÆ
MONUMENTUM
SUIS SUMPTIBUS EREXIT
ANNO D. M. D. CC. LXXXIV.

[1] Abot de Bazinghen.

Avant d'ouvrir le Petit-Séminaire, il fallait pourvoir au personnel, achever les détails intérieurs du bâtiment; il fallait de plus constituer régulièrement toutes les fondations de rentes destinées à l'établissement des bourses et demi-bourses. La plus grande partie de ces dépenses fut encore supportée par l'évêque, qui, nous assurent les vicaires-généraux, dans le mandement cité, n'y employa pas moins de 250,000 livres [1]. Un membre de son Chapitre, dont le nom n'est pas indiqué, mais que nous croyons être M. de Montgazin, y avait déjà contribué pour une somme de 12,000 livres, et sa munificence dépassa plus tard ce chiffre.

On nous pardonnera d'énumérer ici les conditions que l'évêque assigna pour l'admission au Petit-Séminaire. Ces détails feront mieux comprendre l'esprit du fondateur.

« C'est surtout aux jeunes gens de la campagne, qui sont » éloignés des sources de l'instruction publique, que nous des- » tinons ces bourses. Notre dessein toutefois n'est pas d'en » priver ceux des villes, quand nous rencontrerons parmi eux » des marques de vocation; mais, toutes choses égales, nous » préférons ceux des campagnes. Comme ils y ont été moins » exposés au péril de la dissipation, de la licence, de la vanité » et de l'insubordination, ils sont d'ordinaire plus studieux, » plus sages, plus modestes et plus dociles; d'ailleurs ils ont » communément moins de ressources que ceux des villes.

» Afin d'exciter davantage l'émulation et de faciliter le discer- » nement des bons sujets et le choix des meilleurs, nous » voulons que ces bourses ne s'obtiennent que par la voie du » concours et ne s'accordent chaque fois que pour une seule » année, après laquelle on sera tenu de concourir de nouveau,

[1] P. 9.

» et, si on n'est pas jugé digne de continuer à en jouir, on en » sera privé. Ceux qui s'y prépareront auront soin d'apporter » leur extrait-baptistaire, par lequel il soit constaté qu'ils ont » au moins douze ans commencés, et de se munir d'un certi- » ficat de vie et mœurs de MM. les curés de leurs paroisses. » Ce certificat attestera qu'ils se disposent à embrasser l'état » ecclésiastique, et que leurs parens sont hors d'état de payer » leur pension, ou du moins qu'ils ne peuvent en payer qu'une » partie. Ils y joindront un certificat des maîtres sous lesquels » ils auront étudié, et ils produiront tous les témoignages qu'ils » pourront réunir, pour nous faire connoître les succès qu'ils » auront eus dans leurs études. Ceux qui n'auront point réussi » au concours à obtenir des bourses, seront reçus au Petit- » Séminaire en payant la moitié ou un tiers de la pension, soit » en argent, soit en pain et autres alimens fournis par leurs » parens, à qui ils ne coûteront pas davantage que s'ils de- » meuroient dans des maisons bourgeoises. »

Une grande partie de ces règlements, et d'autres qu'il seroit trop long de citer, ont été empruntés par Mgr de Pressy à une lettre pastorale de Mgr Le Clère de Juigné, évêque de Châlons, le même qui remplaça Christophe de Beaumont sur le siége archiépiscopal de Paris.

« Il désiroit par dessus tout, nous disent encore les vicaires- » généraux, trouver un bon prêtre, plein de lumières, de piété, » et surtout doué du talent particulier et bien rare de conduire » les jeunes gens, en s'attirant leur amour et leur confiance : » tous ceux qui connaissent celui qu'il a choisi, conviennent que » la Providence a parfaitement rempli ses désirs [1]. » On souscrit

1 *Mandement* cité, p. 9.

volontiers à cet éloge quand on sait qu'il s'adresse au vénérable M. Augé, qu'on a pu voir à l'œuvre sur un plus vaste théâtre, dans le célèbre collége Stanislas, où il a si bien secondé M. Liautard.

Le prélat, ayant obtenu, en juillet 1786, des lettres-patentes du roi Louis XVI pour autoriser l'ouverture du Petit-Séminaire, porta « toutes ses vues, toutes ses épargnes, ses sacrifices, » sur un établissement qui était devenu « l'objet particulier de son » affection. Il n'eut qu'un seul regret, celui d'y avoir pensé » si tard; et, quoiqu'il prévît bien que son âge avancé ne lui » permettroit pas d'être le témoin du bien qu'il produiroit et » d'en recueillir les fruits, ce fut assez pour lui d'entrevoir » l'utilité que son diocèse en retireroit dans la suite, et d'avoir » la consolation de l'assurer avant sa mort [1]. »

C'est le 23 octobre 1786, que le Petit-Séminaire, érigé sous le titre de la Sainte-Famille, et capable pour lors de loger une trentaine d'étudiants, fut ouvert pour recevoir ceux qui, après le concours préalable, furent admis à y faire leur cinquième ou leur sixième.

Grâce aux efforts de l'évêque, à la générosité de quelques chanoines, et en particulier de son illustre grand-vicaire [2], M. de Montgazin [3], le Petit-Séminaire pouvait offrir « une soixantaine

[1] *Ibid.* p. 8.

[2] Parmi les chanoines, nous devons distinguer spécialement le syndic du clergé J.-A.-F. Clément.

[3] M. de Montgazin se démit le titre de prieur de Notre-Dame d'Ardres, dont les revenus, qui s'élevaient, charges déduites, à la somme de 2,603 livres, furent annexés au nouvel établissement par un acte épiscopal du 4 avril 1787, confirmé par lettres-patentes de Louis XVI, en 1789.

de places, » à la rentrée de 1788; et, en 1789, on pouvait y recevoir cent élèves [3].

Autant la prompte réalisation de cette œuvre apporte de consolation et de joie à celui qui en retrace ou en relit les détails, autant il est triste de penser que, deux ans après, lorsque tout était à peine constitué, le torrent révolutionnaire engloutit les fondations, dispersa les maîtres et les élèves, emportant dans une ruine commune tout ce que nos pères avaient établi pour les besoins du présent et les nécessités de l'avenir.

CHAPITRE XIX.

Assemblée des États-Généraux du Boulonnais en 1789. — Cahiers du Clergé ; — Mandements du Prélat. — Projet d'un grand travail sur les Droits et les Devoirs de l'homme ; — sa manière de voir sur divers sujets politiques.

Le XVIIIe siècle approchait de sa fin, avec le vague pressentiment d'une grande commotion sociale. On était à la veille de la crise la plus violente à l'épreuve de laquelle ait jamais été mise la vie d'un peuple.

Depuis longtemps, Mgr de Pressy avait dénoncé le péril. « Sous prétexte d'écarter le despotisme, la superstition, le fana-

[3] M Coquatrix, qui nous donne ces chiffres (*Oraison funèbre* p. 30) ajoute que l'évêque y avait fondé « douze mille livres de rente pour des bourses gratuites. »

» tisme, » disait-il en 1770, les philosophes de ce temps « ne » respirent que l'indépendance...., ils attaquent tout à la fois le » trône, le sanctuaire, le ciel même. Répandus de toutes parts, » ils ne tendent à rien de moins qu'à effacer de l'esprit des » peuples et arracher, s'il étoit possible, de leur cœur toute im- » pression, tout sentiment de fidélité, d'obéissance à leur Sou- » verain, de respect, de charité, de soumission pour leurs » pasteurs, de crainte et d'amour de leur Dieu. » Les sages, comme dit Bossuet, le prévirent; « mais les sages sont-ils » crus dans ces temps d'emportement, et ne se rit-on pas de » leurs prophéties ? »

La Révolution de 1789 eut de beaux commencements. Pour réformer les abus et donner à l'opinion publique une juste satisfaction, le roi Louis XVI convoqua, dans la ville de Versailles, une assemblée générale des trois États du Royaume. En conséquence, les trois États du Boulonnais, convoqués par le sénéchal héréditaire, François-Marie-Omer de Patras, seigneur de Campaigno, se réunirent dans la ville de Boulogne, à l'effet d'y élire un député de chaque ordre, pour représenter la province aux États-Généraux, et porter au pied du trône les « remontrances, plaintes et doléances de leurs commettans. »

L'assemblée du clergé se teint au Palais épiscopal, sous la présidence de Mgr de Pressy, le 17 mars 1789. Il y avait en tout « cent onze *vocaux*. Le seigneur évêque président, ayant, » au rapport du procès-verbal, invité les assistans à implorer » avec lui les lumières du Saint-Esprit, prononça un discours » dont l'objet étoit d'engager ses auditeurs à ne consulter, dans » le choix des objets de leurs représentations et dans l'élection » d'un député aux États-Généraux, que la voix de leur » conscience. »

On commença par accorder une imposition extraordinaire sur les biens ecclésiastiques, « pour donner à la personne sacrée » du Roi une preuve de dévouement, » comme aussi « pour » contribuer à la liquidation des dettes de l'État et au soulage- » ment du peuple. » Cette résolution, annoncée aux deux autres ordres, qui délibéraient en même temps, la noblesse, à l'Hôtel-de-Ville, sous la présidence du Sénéchal, et le tiers, à la Sénéchaussée, sous la présidence du lieutenant-général François-Joseph Pagart, seigneur d'Hermansart, fut accueillie avec enthousiasme et l'on en témoigna la plus vive reconnaissance « à MM. du clergé et au digne et vertueux prélat » qui les présidait. Dans la même séance, le clergé résolut de confier la rédaction du cahier des doléances à une commission prise dans son sein et composée de douze membres, parmi lesquels on comptait Mgr de Pressy et deux de ses grands-vicaires, MM. de Montgazin et Coquatrix.

Le lendemain, 18 mars, l'assemblée se réunit de nouveau, pour nommer un député. A la pluralité des suffrages (cinquante-neuf voix), M. de Montgazin fut proclamé en cette qualité, « avec tous pouvoirs, nécessaires et suffisans pour proposer, » remontrer, aviser et consentir, suivant les instructions qui » lui seront remises, tout ce qui peut concerner les besoins de » l'État, la réforme des abus, l'établissement de l'ordre dans » toutes les parties de l'administration, la prospérité générale » du royaume et le bien de tous et chacun les sujets du roy.»

Le 30 mars suivant, M. Cossart, curé de Wimille, fut nommé, à la pluralité des voix, pour remplacer M. de Montgazin, dans le cas où ce dernier viendrait à mourir, avant la fin des travaux de l'assemblée.

Dans la séance du 31 mars, on fit lecture du *cahier* de doléances, que la commission avait rédigé, et qui fut approuvé à l'unanimité.

L'évêque de Boulogne, avec l'autorité de ses lumières et l'ascendant de sa vertu, a pris sans doute une grande part, sinon à la rédaction, du moins à l'élaboration du cahier de doléances. Profondément pénétrés de vénération pour lui, les membres de son clergé ont dû s'empresser de déférer au moindre de ses désirs. Quand un évêque a formé l'esprit d'un diocèse ; quand il a su inspirer à tous les idées dont il est animé lui-même ; dans une famille si bien unie, les fils ne pensent pas autrement que le père. Aussi, pouvons-nous regarder le *cahier* du clergé comme étant l'expression des vœux du prélat A ce titre, nous en devons au moins une brève analyse à nos lecteurs.

Le clergé de Boulogne blâme fortement le luxe du siècle, cause d'apauvrissement et de ruine pour les familles ; il se plaint des scandales publics, notamment des atteintes portées à la loi du repos, les jours de dimanches et de fêtes, et des adultères et concubinages « qui ne sont malheureusement que trop fré- » quens ; » il demande la restriction de la liberté de la presse, l'immunité des jugements ecclésiastiques et la destruction des entraves que le gouvernement apportait à l'exercice du pouvoir épiscopal sous ce rapport ; il « remontre que les appels comme » d'abus sont devenus trop fréquens, au préjudice de la juri- » diction ecclésiastique et du bon ordre. » On voit que la liberté de l'Église lui tient au cœur, et qu'il la regarde comme la base la plus solide et le plus ferme appui du pouvoir temporel.

Améliorer le sort des curés et des vicaires, surtout dans les campagnes, prendre des mesures pour rendre utiles à l'Église les bénéfices exploités par la commende, et faire pénétrer la réforme dans les ordres religieux auxquels elle serait nécessaire; rétablir le conseil de conscience que saint Vincent-de-Paul avait fait créer pour s'occuper de la nomination aux dignités ecclésiastiques du royaume; diminuer le nombre des abbés de Cour; veiller à pourvoir les régiments de bons aumôniers; avoir l'œil sur la facilité avec laquelle on accorde les grades canoniques dans les Universités; s'occuper du sort des maîtres d'école et régulariser la législation qui les concerne; telles sont les principales questions, sur lesquelles les cahiers du clergé appellent l'attention du roi et des États-Généraux.

Comme il était à craindre que les *assemblées du clergé* de France ne devinssent plus rares, « le clergé du Boulonnois » supplie Sa Majesté de permettre la tenue périodique des Con- » ciles provinciaux, dont la cessation est, sans contredit, une » des plaies les plus profondes faites à la discipline de l'Église » gallicane. La conduite de tous les hommes d'Église, l'admi- » nistration des premiers pasteurs, leurs personnes mêmes étant » soumises au jugement de ces saintes assemblées, leur tenue » régulière ne pourroit que faire revivre les tems apostoliques; » l'union, si désirable entre les deux ordres du clergé, s'affer- » miroit; l'exécution des canons touchant la résidence, l'emploi » des biens de l'Église et autres chefs importans de police » ecclésiastique seroient maintenus. N'est-ce pas une vraie in- » justice de se plaindre qu'il n'y a pas autant de régularité qu'il » seroit à désirer dans le clergé, tandis qu'on lui refuse, mal- » gré ses instances continuellement réitérées, la tenue des » Conciles provinciaux, quoique ce soit le meilleur moyen de » la rétablir ? »

Il se plaint que l'on n'ait pas pris de mesures pour que les évêques fussent suffisamment représentés aux Etats-Généraux, où l'on agite souvent des questions que les évêques seuls sont à même de résoudre, comme « juges de la foi. » Il présente ensuite différentes observations, relatives à la réparation des églises, à la perception des dîmes, à l'extinction de la mendicité par l'établissement de bureaux de charité qui ressemblent à nos bureaux actuels de bienfaisance. Il s'élève avec force contre la vénalité des charges de judicature, la lenteur des procédures et les frais de justice; il demande la publication d'un code domanial, la réforme du luxe de la Cour, la suppression des lettres de cachet, et enfin il s'associe aux réclamations de la noblesse et du tiers sur plusieurs questions d'intérêt purement local.

Le 18 avril 1789, l'évêque de Boulogne publia un mandement par lequel il ordonnait « des prières publiques pour l'heureux et durable succès de la tenue prochaine des États-Généraux. » Nous l'y trouvons extrêmement préoccupé de la crainte que « l'accord » ne règne point d'une manière satisfaisante dans l'assemblée qui se prépare. Il devrait y régner cependant, puisque les députés, « étant tous François, concitoyens » d'un même Empire, tous chrétiens, frères du même Jésus-» Christ, ils n'ont tous qu'un seul et même intérêt. Combien » donc, s'écrie-t-il, devons-nous tâcher d'obtenir pour notre » patrie, par de fréquentes et ferventes prières, que ni nous, » ni elle, n'ayons jamais le malheur de voir ses entrailles » cruellement déchirées par les mains parricides de ses propres » enfans! » Ce pressentiment sinistre des guerres sanglantes de la liberté lui rappelle le souvenir des lamentables guerres de religion, dont il retrace le tableau. C'est la prédiction de quatre-vingt-treize: « la discorde, tenant en main le fer et le feu; » armant « le citoyen contre le citoyen, le frère contre le frère, » le fils contre le père; » répandant partout « le carnage et le

» deuil; » massacrant « les ministres des autels, brisant les » statues des saints, profanant leurs sacrées reliques, foulant aux » pieds ce que nos temples ont de plus vénérable. »

On le voit, dans sa lettre pastorale, s'élever contre ceux qui aspirent à renverser le gouvernement monarchique, pour y substituer quelque chose qu'il appelle, avec Raynal, « la chimère » de l'égalité, » laquelle ne reconnaît « aucune puissance » souveraine. » Pour lui, après un éloge de Louis XVI, qu'il compare à tous les rois qui ont travaillé à faire le bonheur de leurs peuples, il souhaite que les députés, d'accord avec leur souverain, rétablissent, « pour toujours, les droits primitifs de la » nation, » soulagent « le bas peuple, » favorisent « la portion » indigente, quoique laborieuse, du dernier ordre, » et maintiennent enfin « les hautes prééminences de la monarchie et » les priviléges honorifiques du clergé, de la noblesse et des » pays d'État. » Qu'entend-il par cette prééminence de la monarchie, et quel est le rôle qu'il attribue au Souverain? Nous ne trouvons pas cette question nettement résolue. Toutefois, si nous remarquons qu'il appelle, en un endroit, la puissance royale une « monarchie paternelle, » et qu'il la représente comme « étant l'âme du corps de la nation » et devant être une « autorité NON DESPOTIQUE, MAIS SOUVERAINE ; » la distinction entre ces deux derniers mots fera, ce nous semble, deviner sa pensée.

Mgr de Pressy eut un moment d'enthousiasme pour la révolution de 1789. Ce fut à propos de la mémorable séance du 4 août, dans laquelle la noblesse et le clergé renoncèrent à leurs priviléges et proclamèrent l'égalité de tous les citoyens devant la loi. « La cessation d'une multitude d'assujétissemens » onéreux dont gémissoient les cultivateurs des campagnes » lui paraît un bienfait dont il faut se réjouir: Mais « pourquoi ne renonce-t-on pas aussi aux priviléges qui sont nuisibles à la discipline ecclésiastique, » comme, par exemple, au droit de patronage sur les cures? « Ce renoncement, très-agréable à Dieu » et très-utile à l'Église, leur feroit plus d'honneur devant les » hommes de bien que ne leur en a fait la renonciation à leurs » priviléges pécuniaires. »

Le vénérable prélat avait conçu l'espoir de voir commencer, pour la France, un avenir plus heureux, « par la fixation des » droits et des devoirs entre le Souverain et le sujet. » Pour atteindre ce but, il recommande d'éviter « la partialité, mère de » l'aveugle prévention, et la téméraire précipitation, suivie » d'amers repentirs. » La question des *droits de l'homme* lui paraît très-difficile à résoudre; il espère cependant y arriver par la conciliation de la raison et de la foi, qui « peuvent se donner » des lumières réciproques et des secours mutuels, pour dissi- » per les ténèbres et aplanir les difficultés. »

Quoique vieux et usé par l'âge et les fatigues d'un laborieux épiscopat, il se proposait d'éclairer l'Assemblée nationale sur ce point. Dans son mandement du 12 août, il parle d'un « Mémoire » qu'il a l'intention d'envoyer bientôt à Paris. Il devait y faire une étude approfondie des *droits* et des *devoirs* de l'homme, dans les diverses conditions de son existence, ou en solitude ou en société, dans l'état que la théologie appelle « de pure nature » aussi bien que dans celui « de nature et de grâce; » quels sont « ceux de l'homme associant et de l'homme associé dans l'un » et dans l'autre de ces états; quels sont ceux de l'homme » souverain et de l'homme sujet, considérés d'abord en géné- » ral, puis dans une monarchie pure et entière, ou dans une » monarchie mixte et partagée. » Comme on le voit, c'était prendre les choses de haut : il ne s'agissait de rien moins que d'un traité complet de théologie politique, embrassant dans son ensemble toutes les questions sociales, et écrit d'après les principes qui font le caractère propre des œuvres de notre savant prélat.

L'assemblée paraît s'être médiocrement inquiétée de creuser si profondément la métaphysique chrétienne, afin d'y trouver la règle de sa conduite: N'avait-elle pas le *Contrat social* et la *Profession de foi du vicaire Savoyard?* On n'attendit pas le travail de Mgr de Pressy. L'empressement était grand de voir enfin publier la fameuse déclaration des droits de l'homme. Ivre de sa jeune liberté, la France, disposée à regarder comme abusif tout ce qui avait été debout jusque-là, allait tout renverser, tout reconstituer: quelques jours encore, et d'un trait de plume on effaçait l'histoire du monde et l'on datait l'an Ier, comme si le Créateur venait seulement de lancer la terre dans l'espace.

Pendant que l'assemblée précipitait ses travaux avec une ardeur qui ne connaissait point de frein, l'évêque de Boulogne, dans une lettre du 30 août, publiée seulement le 15 septembre, lui adressa quelques observations préliminaires, dont sa modestie ne lui permit pas de révéler l'auteur. Il y pose cette question : *En qui réside et de qui émane la puissance législative?*

Après avoir, d'une main ferme et sûre, en suivant les lumières de la raison, guidée par la foi, posé comme base de son travail, un résumé des devoirs essentiels de l'homme envers Dieu, son prochain et soi-même, il examine la constitution civile de la France et arrive à cette conclusion : que la puissance législative « ne réside, NI *dans la* NATION SEULE, NI *dans son* » CHEF SEUL, regardés séparément; que, sous ce regard, elle » ne réside en chacun d'eux que *partiellement*, incomplète-

» ment; et qu'elle ne réside complètement, totalement, que dans » EUX DEUX *unis ensemble,* ou, ce qui revient au même, dans » leur union mutuelle, dans leur ensemble. »

Telle est, en substance, la politique de Mgr de Pressy. Il insiste sur le caractère pacifique, bienveillant et généreux de Louis XVI; il supplie l'assemblée de ne point se séparer « du » meilleur et du plus chéri des rois, du restaurateur de la li- » berté française. » Elle est trop judicieuse, dit-il, pour ne point s'apercevoir des maux affreux qui menaceraient le royaume, si, osant trop diminuer les prérogatives de l'autorité royale, elle tentait de renverser le trône et d'en ériger un autre où elle s'asseoirait elle-même, provoquant ainsi le mécontentement et la réclamation de la très-grande partie de ses commettants. Si on a le malheur de le faire, alors il viendra un jour « un roi belli- » queux, conquérant, vainqueur, à la tête d'une armée triom- » phante » dont il sera « adoré » et dont il aura « gagné » tous les cœurs par ses grands bienfaits et par l'espoir d'en » recevoir encore de plus grands. » Ce roi voudra « recouvrer » les prééminences de l'autorité souveraine et absolue d'un gou- » vernement monarchique; » et qu'arrivera-t-il alors? « Hélas! » puis-je y penser sans frémir, à la vue des flots de sang qui » inonderoient la France, comme ils l'inondèrent autrefois dans » les plaines de Fontenai, et qui seroient suivis d'un déluge » de maux désastreux qu'entraînent nécessairement après soi » l'anarchie, le despotisme, la tyrannie!... »

Les *Observations préliminaires,* dont nous tirons ces lignes, sont le seul document qui nous reste sur les principes politiques de Mgr de Pressy. Le grand ouvrage qu'il préparait n'a pas été achevé; et nous ne sachons pas qu'on ait nulle part conservé ce qui en avait été écrit avant sa mort. Un mandement du 8 septembre nous apprend que la *première partie*, celle qui traitait *des droits et des devoirs de l'homme en solitude*, était presque terminée, puisqu'il se proposait de « l'envoyer incessament. » Mais il avait trop présumé de ses forces ; et Dieu, satisfait des travaux de son serviteur, voulut lui donner sa récompense et le retirer de ce monde, assez tôt pour qu'il ne vît point l'inutilité de ses efforts.

CHAPITRE XX.

Mort de Mgr. de Pressy ; — son testament, ses funérailles ; — Inscription gravée sur sa tombe.

Bien que d'une complexion délicate et frêle, Mgr de Pressy avait atteint, sans accident grave, sa soixante-dix-septième année. Il le devait à un régime simple et frugal, aux habitudes d'ordre qui réglaient son temps ; mais par-dessus tout au calme et à la paisible tranquillité d'âme qu'il trouvait dans la pratique assidue de ses devoirs et dans l'amour de son Dieu.

Le jeudi 1er octobre, la retraite ecclésiastique de l'année 1789 s'ouvrit au séminaire. Le prélat se rendit, suivant sa coutume, au milieu de ses prêtres, pour en présider les exercices, où « sa présence, plus éloquente que tous les discours, plus » persuasive que toutes les réflexions, suffisoit pour inspirer les » plus tendres sentimens et les résolutions les plus saintes [1]. » Le lendemain il ressentit les atteintes du mal qui devait le conduire

[1] *Oraison funèbre*, p. 30.

au. tombeau. Sa constitution, altérée par le « travail excessif » auquel il se livrait pour la composition de son Mémoire à l'Assemblée; sa santé affaiblie par les jeûnes qu'il joignait à ses prières, afin d'obtenir la bénédiction de Dieu pour ce grand ouvrage, ne purent résister plus longtemps. Il ne se rendit pas à la retraite le samedi, et le dimanche il fut pris d'une fièvre légère qui l'empêcha d'aller à l'église. « Elle fut plus forte le lundi, mais sans aucune apparence de danger, » suivant le récit du chroniqueur auquel nous empruntons ces lignes [1]. « Le
» mardi après-midi, il manda M. Perdriseaux, chapelain de la
» Cathédrale, son confesseur. Il le reçut levé et habillé, com-
» me de coutume, et lui dit : « Un de mes prédécesseurs, après
» quelques accès de fièvre, demanda les secours de notre mi-
» nistère, les reçut et essuya une attaque d'apoplexie qui l'en-
» leva : je veux prévenir une pareille surprise. » M. Perdriseaux
» l'écouta et l'engagea à se ménager sur le travail. Le mercredi,
» il reçut Messieurs de la retraite, assis sur son fauteuil et en-
» veloppé; il se plaignit de n'avoir pu rester couché, ce qu'il
» attribuoit à la fièvre; il prit en particulier MM. les Curés
» d'Artois » et leur remit une somme de 3,600 livres, qu'il avait eu l'intention de distribuer lui-même dans leurs districts, pendant la visite générale qu'il avait projeté de commencer le 9 de ce mois.

« Dans la nuit du mercredi au jeudi, il se sentit beaucoup
» plus incommodé, s'en plaignit, et on s'empressa de lui porter
» secours. »

Un témoin oculaire nous a raconté les derniers moments de

[1] Journal manuscrit de M. Abot de Bazinghen.

l'évêque de Boulogne. « Vers minuit, dit M. l'abbé Ballin [1], il « parut avoir perdu connaissance. Un des domestiques qui le » veilloit en alla donner avis à M. de Gargan, doyen du Chapitre, qui vint aussitôt et qui le trouva dans un état de » tremblement léger, semblable à celui que procurent les » premiers frissons de la fièvre; il ne paroissoit pas entendre » ce qu'on lui répétoit, ni ne faisoit aucun signe pour témoigner » qu'il reconnoissoit les personnes qui l'environnoient. M. le » doyen envoya son domestique pour me prier de lui porter » l'huile des infirmes. Je me levai au plus vite et me rendis » à l'évêché, où je trouvai plusieurs de MM. du Chapitre auprès » du lit du prélat; enfin on parvint, vers les quatre heures, à » s'en faire entendre. On lui dit que, puisqu'il ne pouvoit » parler, il fît quelque signe pour prouver qu'il désiroit recevoir » les Sacremens. Il pressa la main de M. le doyen à plusieurs » reprises. J'allai alors chercher le bon Dieu, et à mon arrivée, » M. le doyen lui administra le Sacrement de l'Extrême-» Onction [2], puis le Saint-Viatique. Pendant qu'on étoit occupé » à réciter les prières, il faisoit continuellement le signe de la » croix, soit par une espèce d'heureuse habitude, soit pour » donner un témoignage extérieur de sa foi.

[1] Né à Isques, en 1757, prêtre-chapelain de la Cathédrale de Boulogne en 1783, curé-doyen de Fruges, chanoine et vicaire-général d'Arras, mort le 24 février 1828. On a de lui des *Mémoires pour servir à l'histoire de la ville et du comté de Boulogne pendant la Révolution*, dont la Bibliothèque de Boulogne possède une copie incomplète. Ms. nº 176.

[2] On avait adopté depuis peu, dans le diocèse de Boulogne, l'usage de donner l'Extrême-Onction avant le Saint-Viatique, contrairement à la pratique de l'Eglise romaine.

« On envoya des ordres pour faire, dans la matinée, des » prières publiques dans toutes les églises de la ville. Tout le » monde fut surpris d'apprendre l'état critique du prélat. On » exposa ensuite le Saint-Sacrement dans chaque église, pour » y commencer les prières de quarante heures, et tous les » fidèles y coururent en foule. Mais Dieu en avoit autrement » disposé, » pour le bien de son serviteur; et peu après, ce même jour, jeudi 8 octobre 1789, entre neuf et dix heures du matin, il s'endormit doucement entre les bras du Dieu qu'il avait tant aimé.

On ouvrit son testament, daté du 10 août 1786, et on y lut : « Je recommande mon âme à Dieu, mon Créateur ; je me sou» mets entièrement à son bon plaisir, pour le temps, le lieu et » le genre de ma mort ; je la lui offre, dès à-présent, pour l'ex» piation de mes innombrables péchés, et en union de la très» sainte passion et très-sainte mort de Jésus-Christ, mon très» adorable et très-aimable Rédempteur, qui m'a aimé et s'est » livré lui-même pour moi. J'accepte en cette union ma mort » future, comme un effet et un ordre de sa justice, et aussi » comme un effet de sa miséricorde, qui, me tirant de mon » exil, me fera, ce que j'espère, entrer dans ma céleste patrie. » J'invoque spécialement, pour ce redoutable passage, l'archange » saint Michel, mon saint ange Gardien, mes saints patrons, les » saints apôtres, saint Jean-Baptiste et surtout la très-sainte » Vierge, pour qui je m'estimerois heureux d'avoir eu la ten» dre et solide dévotion que j'ai tâché d'inspirer à mes diocé» sains, et que je souhaite leur laisser, surtout aux citoyens de » cette ville, comme un très-précieux héritage. J'espère que la » Mère de Dieu daignera me protéger auprès de son Fils, et que, » par sa toute-puissante intercession, elle m'obtiendra miséri-

» corde, comme étant le refuge des pécheurs, dont j'ai bien plus » sujet que n'en avoit saint François, mon patron, de me dire » le plus grand.

» Je laisse à mes exécuteurs testamentaires à régler, de » de concert avec mon Chapitre, mes obsèques, suivant leur » prudence. Je les exhorte à user d'une économie convenable, » attendu que les effets de ma succession sont en partie des- » tinés au soulagement des pauvres; je les prie, au cas que je » meure en cette ville, de faire inhumer mon corps au pied de » la croix du cimetière de la paroisse de St-Joseph, mon patron, » en quoi je souhaite imiter l'exemple de feu Mgr de la Motte, » évêque d'Amiens, mon consécrateur, qui a choisi sa sépulture » dans un cimetière plutôt que dans sa Cathédrale. Mon inten- » tion est qu'ils fassent dire quatre cens messes pour le repos » de mon âme et de celles de mes parens, de mes bienfaiteurs, » de mes amis et de mes ennemis, à qui tous je pardonne, et » spécialement à celui qui a tenté *(sic)* à ma vie, » (Charles Chevalier, dont nous parlerons plus loin). « J'ai une ferme con- » fiance qu'en considération de ce pardon, Dieu me pardonnera » tous mes péchés. Je veux que toutes mes dettes soient » promptement payées, et tous les torts que j'aurois faits, entiè- » rement réparés. »

Il lègue ensuite à son frère, le marquis d'Equirres, à ses sœurs et à ses neveux, tous les immeubles patrimoniaux et les rentes constituées qui lui viennent de sa famille. Mais là s'arrête sa libéralité à leur égard. « Si je ne leur fais pas de legs plus » considérables, ce n'est point par défaut d'affection ; mais c'est » que je me souviens de ce que m'a dit plusieurs fois feu mon » père, qu'il seroit fâché que des revenus ecclésiastiques, qui » sont le patrimoine des pauvres, entrassent dans sa famille,

» sur laquelle il seroit à craindre qu'ils n'attirassent la malé-
» diction du ciel. »

Il partage sa bibliothèque entre ses exécuteurs testamentaires, MM. les abbés de Gargan, Rattier, Voullonne et Clément. Il laisse quelques souvenirs à des ecclésiastiques qu'il affectionnait particulièrement : la moitié de son argenterie de table à M. Clément, et l'autre moitié, avec un lot de livres, à M. de Montgazin. « Tout cela est bien peu de chose pour reconnoître
» les longs et importans services que ce dernier a rendus à
» ce diocèse, en m'aidant beaucoup à le gouverner; mais je le
» prie de l'agréer, en considérant *non tam donum quam*
» *donantis affectum.* »

Après quelques dispositions en faveur de ses domestiques, de l'hôpital de Boulogne et de son successeur, il institue le *Petit-Séminaire* son *légataire universel.*

Le testament se termine par ces mots: « Enfin je proteste
» que je veux vivre et mourir, non seulement dans la foi et
» communion de la sainte Église catholique, apostolique et
» romaine, au jugement de laquelle je soumets tous mes écrits;
» mais encore dans le parfait amour de mon Créateur et dans
» le fervent exercice d'une dévotion pleine de respect, de con-
» fiance, de tendresse et de reconnoissance pour le Cœur divin
» de Jésus-Christ, mon rédempteur, que je désire louer, bénir
» et glorifier éternellement. Ainsi soit-il. »

Le prélat venait d'expirer. On se pressait, comme en un pieux pélerinage, vers cette chambre mortuaire, où on pouvait le contempler étendu sur sa couche funèbre, « avec cette sé-
» rénité qui accompagne ordinairement la mort des justes. »
Tout y respirait la simplicité, la pauvreté dans laquelle il avait passé sa vie. Pour tout ornement, « douze petits cadres de

» gravures » représentant la vie de saint François, « un » porte-montre en bois doré, un lit, composé d'une pail» lasse, d'un matelas de laine couvert en toile à carreaux bleus, » d'un autre matelas couvert en futaine, des rideaux de cal» mande bleu-flambé, » une pauvre table, quelques chaises, voilà tout ce que peut signaler l'inventaire officiel [1].

« Venez, pauvres de Jésus-Christ, s'écrie à ce propos » M. Coquatrix, venez et voyez si votre respectable pasteur » n'a pas constamment cherché à se rapprocher de vous, à se » rendre conforme à vous; voyez s'il a voulu soutenir sa di» gnité par l'éclat d'une pompe mondaine: voyez la frugalité » de sa table, la modestie de ses vêtemens, la simplicité de » ses meubles et de ses équipages, ce dénuement de toutes les » commodités de la vie : voyez si, dans toutes ses dépenses, il » donna rien au goût ou au caprice; si elles ne furent pas » toutes réglées par le besoin; si la plus sévère économie, je » dirais presque la plus sainte avarice, n'y présida pas. Eh! » que ne puis-je vous montrer l'homme de Dieu dans les der» niers instans de sa vie, expirant entre les bras de la pauvreté! » Non, continue-t-il avec émotion, ils ne s'effaceront jamais de » mon souvenir ces tristes moments où j'ai vu ce vénérable » vieillard, étendu sur un lit de douleurs, enveloppé d'un » vêtement qui eût à peine convenu à l'indigence, plus grand, » plus digne d'admiration dans cet état de dénuement, que s'il » eût été environné de l'appareil du faste et de la magnificence: » heureux et mille fois heureux d'avoir retracé jusqu'à la mort » l'image d'un Dieu pauvre [2]. »

[1] Archives du Tribunal civil de Boulogne.

[2] *Oraison funèbre* pp. 10 et 11.

L'airain funèbre tintait au beffroi de la Cathédrale, et les huit cloches de Notre-Dame, toutes en branle, sonnaient, pour la dernière fois, hélas! le trépas d'un évêque. Le corps fut exposé dans la chapelle de l'évêché, visage et pieds découverts. Plongé dans le deuil, à la nouvelle du malheur inattendu qui frappait le diocèse, la ville entière accourait au Palais épiscopal pour y pleurer et prier. On y porta les malades et les petits enfants. Tous voulaient revoir encore celui qu'ils avaient aimé et vénéré, cet évêque, qui « avait vécu comme un saint [1], » ce père des pauvres, « le plus *aumônieur* des prélats [2]. »

Le lendemain, vendredi 9 octobre, « on le porta découvert » dans la ville, » jusqu'à la Cathédrale, suivant les règles du pontifical romain; et, après avoir chanté solennellement le service funèbre, on l'inhuma « sous les marches du trône, dans » le côté gauche du sanctuaire [3]. »

Le Chapitre d'Amiens n'avait pas respecté la dernière volonté de Mgr de la Motte; et on l'avait inhumé dans sa Cathédrale, aux applaudissements de Mgr de Pressy. Le Chapitre de Boulogne s'autorisa de ce fait, pour déroger aussi aux dispositions testamentaires de son évêque, ne voulant pas consentir « à cé» der à d'autres sa dépouille mortelle. Il sera au milieu de nous, » dit M. Coquatrix, ses cendres répandront encore dans ce » temple la bonne odeur de Jésus-Christ; la vue de son tom» beau sera pour nous une leçon perpétuelle des vertus les plus » sublimes, et elle nous rappellera sans cesse aux sentimens » d'une tendre piété [4]. »

[1] Journal manuscrit de M. Abot de Bazinghen.

[2] Mém. manuscrits de Pigault de Lépinoy, (Bib. de la ville de Calais.)

[3] Abot de Bazinghen.

[4] *Oraison funèbre*, page 21 et note 16.

Pour perpétuer la mémoire des actions et des vertus du saint prélat, le Chapitre fit graver l'inscription suivante sur la tombe de marbre qu'il lui fit ériger :

D. O. M.
HIC JACET
ILLUSTRISSIMUS ET REVERENDISSIMUS IN CHRISTO PATER
D. D. FRANCISCUS-JOSEPHUS-GASTO DE PARTZ DE PRESSY
ECCLESIÆ MORINO-BOLONIENSIS, DUM VIVERET, EPISCOPUS;

VIR SIMPLEX ET RECTUS,
CULTU MODICO NITENS,
PURIS MORIBUS DEO PLACUIT;

VERUS ADORATOR,
TOTUS TUENDO NUMINI, TOTUS COLENDO VACAVIT
ET QUÆ NEGAVIT MORTALIBUS, DEO TRANSTULIT COMMERCIA;

POENITENTIÆ EXEMPLAR,
VIAM CRUCIS FORTITER INGRESSUS, DURUS SIBI, SCIENS PATI,
SE MORTE LENTA CONFECIT;

PAUPERUM PATER,
QUAS SIBI SUBTRAXIT OPES IN EORUM SINUM
PRODIGUS REFUDIT, NUDOS OPERUIT, ESURIENTES PAVIT,
VEL IPSAM SICARII MATREM, ACCEPTI VULNERIS IMMEMOR;

SCRIBA DOCTUS IN REGNO CÆLORUM
ATTENDIT LECTIONI ET DOCTRINÆ
ET IPSE CONSCRIPSIT SERMONES RECTISSIMOS ET VERITATE PLENOS;

SACERDOS FIDELIS,
OBLATIONEM MUNDAM MUNDUS IPSE CORDE
ET CHARITATE SUCCENSUS QUOTIDIE OBTULIT;

PRÆSUL OPTIMUS
IN MEDIO POPULI SUI PERSEVERANTER HABITAVIT,
TOTAM DIOECESIM SEPTIES LUSTRAVIT, VERBO DOCENS ET EXEMPLO,
BENEFICIA SAPIENTISSIME CONFERRI CURAVIT,
CLERICORUM SEMINARIUM AMPLIFICAVIT,
NOVAS SUMPTU MAGNO POSUIT ÆDES IN QUIBUS PUERI
A TENERIS AD PIETATEM ET BONARUM
ARTIUM STUDIA DILIGENTER INFORMARENTUR

SEDIT ANNIS XLVII
DILECTUS DEO ET HOMINIBUS.

OBIIT DIE viij 8bris 1789, ÆTATIS 77.

DESIDERATO ANTISTITI CAPITULUM MOERENS.

La Révolution, ennemie des souvenirs, a brisé cette pierre; et c'est la première fois, dans ce siècle, que l'historien en reproduit les caractères, d'après la seule copie manuscrite qui en soit restée.

CHAPITRE XXI.

ÉPILOGUE.

Ses vertus personnelles ; — sa vie retirée ; — sa réputation de savoir ; — ses rapports avec le monde ; — sa compatissante charité ; — sa modestie ; — son dévouement au Saint-Siége et au Roi ; — sa douceur, — son héroïque amour des ennemis. — Conclusion de ce travail.

Les quarante-six années que Mgr de Pressy avait passées à la tête de l'Église de Boulogne, avaient renouvelé presque entièrement la face du diocèse. Il n'y avait presque plus, dans son clergé, un prêtre à qui il n'eût pas lui-même imposé les mains, ou donné l'institution canonique. Tous le vénéraient comme un saint et l'aimaient comme un père. Le dévouement paternel qu'il avait montré à ses diocésains, le soin qu'il avait pris d'allier par un heureux mélange et d'accorder dans un concert admirable la miséricorde et la vérité, la justice et la paix, suivant la devise de sa cour épiscopale : *Justitia et pax osculatæ sunt* [1], lui avaient valu un attachement inaltérable de la part de ceux qu'il avait administrés.

Jamais, pour ainsi dire, le pieux prélat n'avait quitté son troupeau. Hormis les deux Assemblées du clergé auxquelles il assista, en 1745 et 1760, jamais on ne le vit à Paris. Bien que sa famille résidât dans le diocèse, il se faisait presque un scrupule de donner, à de rares intervalles, « un seul jour à l'amour filial et fraternel [2]. » Pour qu'il allât à Équirres, dit M. Coquatrix, « il falloit que le devoir de sa place et le bien de sa famille l'y conduisissent. » Quand ses visites épiscopales l'amenaient dans les environs, « il n'y passoit qu'un jour, à moins que cette » paroisse ne fût le centre d'où il partoit pour visiter les » paroisses voisines. » Il ne paraît pas même avoir assisté aux funérailles de sa mère, qui mourut à Arras en 1744. Lorsque le vieux marquis d'Équirres, âgé de 87 ans, l'appelait à son lit de mort, pour recevoir une dernière fois la bénédiction de son fils et lui donner la sienne, difficilement « ses prières et ses » larmes purent-elles fléchir le prélat, et arracher quelques ins- » tans à son austère vertu [3]. »

Ce n'était pas, hâtons-nous de le dire, que sa dignité eût affaibli en lui le respect dont il a toujours été pénétré pour

[1] Ces mots ainsi disposés :

IVSTITIA
ET PAX
OSCVLATÆ
SVNT

remplissent, au lieu d'armoiries, le champ de l'écusson de l'officialité.

[2] *Oraison funèbre*, p. 9.

[3] *Ibidem*, pp. 9, 10 et 14.

ceux qui lui avaient donné le jour. Conformément à un usage édifiant, répandu dans la province d'Artois, « où les enfants, » avant de se coucher, demandent à genoux la bénédiction de » leurs père et mère, Mgr de Pressy, étant évêque, se mettoit » à genoux pour recevoir la bénédiction de son père, et M. le » marquis d'Équirres, lorsque son fils partoit, se mettoit à » genoux pour recevoir la bénédiction de son évêque. « O » mœurs antiques! s'écrie M. Coquatrix, ô vénérables restes » de l'âge des patriarches! O respect pour les pères et mères, » si profondément gravé dans le cœur de l'homme, pourquoi » une philosophie irréligieuse a-t-elle presque détruit tes saintes » impressions? Que tout ce qui rappeloit ce respect, également » prescrit par la nature et par la religion, étoit cher au pieux » évêque! Avec quel soin il le recommandoit aux enfants! Quels » exemples il en donnoit à sa famille, lorsque la Providence » l'y conduisoit! Quelle édification de voir le prélat aux genoux » de son père, rendre hommage à l'autorité paternelle, et le » respectable vieillard à son tour prosterné aux pieds de son » fils, honorer en lui la dignité épiscopale et le caractère du » premier pasteur! Saint échange de bénédictions! Et comment » Dieu n'auroit-il pas exaucé ces vœux mutuels, des vœux si » tendres et si légitimes? Comment n'auroit-il pas répandu sur » une famille si religieuse ses grâces les plus abondantes [1]. »

Lié d'intime amitié avec le pieux évêque d'Amiens, son consécrateur, qui vint quelquefois le visiter à Équirres et à Boulogne, il n'alla jamais le voir à Amiens. Il en fut de même de Le Franc de Pompignan, d'abord évêque du Puy, et ensuite archevêque de Vienne. Ayant été sacrés le même jour, ils se

[1] *Ibid.* pp. 18 et 19.

virent pour la première fois à l'assemblée de 1760, y travaillèrent, de concert, à procurer la paix de l'Église ; mais ils ne se visitèrent jamais dans la suite. Ils gardèrent l'un pour l'autre « des sentimens réciproques et mutuels d'attachement et » d'amitié, d'estime et de vénération, » et ne se revirent qu'au ciel.

Mgr de Pressy avait puisé au séminaire de Saint-Sulpice, dit M. Coquatrix, « l'abondance de l'esprit ecclésiastique, de cet » esprit qui n'est point du monde, mais qui vient de Dieu. Pour » maintenir dans son cœur les pieuses impressions qu'il avoit » reçues dans cette sainte maison, il en adopta les règles, il se » les rendit propres : sa fidélité à les pratiquer ne se démentit » jamais. En quittant le séminaire, il n'en quitta point l'esprit; » il n'en perdit point de vue les pieux usages; il mit dans toute » sa conduite l'ordre et la régularité qu'il y avoit suivis. Il sa» voit que l'ordre est comme la base de la vie chrétienne, qu'il » facilite l'accomplissement des devoirs, qu'il en assure la con» stance, qu'il donne au bien même plus de prix et de mérite. » Aussi, rien dans sa conduite ne fut laissé au caprice : son le» ver, ses oraisons, ses examens, ses lectures, ses travaux, ses » repas, toutes ses actions furent réglées; et les rapports que sa » dignité lui donnoit avec les hommes, purent seuls apporter » quelque dérangement à cette sainte uniformité. Son palais re» traçoit l'image de ces lieux voués à la retraite et au silence. » Tout y respiroit le calme et la tranquillité; tout y annonçoit » les mœurs douces et paisibles de celui qui l'habitoit. Là, dans » l'éloignement du monde et dans le silence des passions, le » vertueux prélat se consacroit tout entier à la piété et au bien » de la religion. Une étude assidue prenoit tous les momens qui » n'étoient point donnés à la prière et aux devoirs de son état.

» Ses repas mêmes étoient occupés par des lectures pieuses ou » utiles. Des méditations profondes le suivoient partout : ses » délassemens n'étoient qu'un changement d'occupation; ou » plutôt, connoissoit-il les relâches nécessaires à un esprit tou- » jours tendu? Quelques instans de récréation, employés à des » conversations sérieuses, une promenade chaque semaine, dans » les dernières années de sa vie, faite plutôt par obéissance que » par goût, sanctifiée par la récitation de son office, et pour la- » quelle il ménageoit souvent des questions importantes à dis- » cuter; voilà, jusqu'au dernier soupir, les seuls momens qu'il » ait dérobés à une application continuelle [1]. »

La mortification chrétienne, dont les saints nous ont laissé l'exemple; les jeûnes, les macérations, ce lent supplice dont le juste afflige son corps afin d'émanciper son âme, étaient familiers à Mgr de Pressy. « Si j'entrois dans le détail, » dit l'orateur que nous venons de citer, « vous verriez cet homme de » Dieu refusant à ses sens toutes sortes de satisfactions; vous » verriez dans toute sa vie les privations les plus pénibles et les » plus continuelles. Vous le verriez.... Ah ! Messieurs, aurai-je » la force de vous le dire ? vous le verriez exerçant sur lui- » même une sainte cruauté, empruntant, lorsque l'âge affoiblit » ses forces, le secours d'un bras étranger pour châtier un » corps foible, courbé sous le poids des années; et, » suivant le conseil de l'Apôtre, « le réduire en servitude [2]. »

La vie de retraite que Mgr de Pressy mena jusqu'à la fin « ne servoit qu'à donner plus de lustre à ses talens et à ses » vertus. » Les vicaires-généraux capitulaires, l'appellent « une

[1] *Ibid.* pp. 4 et 5.
[2] *Ibid.* p. 8.

» des plus brillantes lumières de l'Eglise de France. » Ils nous apprennent que des prélats, « recommandables eux-mêmes par » leur science et leurs vertus, l'ont souvent consulté sur des » questions difficiles et épineuses. D'autres, ajoutent-ils, avoient » une si grande confiance en ses lumières, qu'ils ont adopté » sans examen et sans crainte de se tromper, ce qu'ils savoient » être le sentiment et la pratique de l'évêque de Boulogne [1]. » « Plus il cherchoit à se cacher, dit M. Coquatrix, plus son » nom étoit connu et respecté dans toute la France; à la Cour, » qu'il fuyoit, et dont il n'approcha que par devoir; jusques » dans les pays étangers, d'où il reçut les témoignages les » moins suspects de confiance et d'estime; et parmi ceux » mêmes qui n'avoient point part à la foi, et qui rendoient à sa » vertu un témoignage éclatant [2]. »

Il était extrêmement jaloux de son devoir et renonçait à tout ce qui aurait pu paraître futile et mondain. On rapporte que, pour se délasser de ses travaux et reposer un peu son esprit, fatigué dans les aridités de la métaphysique, il jouait volontiers quelques instants au trictrac. Il y avait acquis, dit-on, une certaine habileté; au point qu'un jour un Anglais se présente à l'évêché et demande Mgr, qu'il provoque à tout autre chose qu'à un tournoi théologique. Le don Quichotte du trictrac fut éconduit, comme bien l'on pense; et le prélat, disant que ce ne devait pas être là « la réputation d'un évêque, » s'interdit dorénavant cette innocente distraction.

« Si le goût du pieux prélat pour la retraite et le silence » l'éloignoient du monde, la vertu et l'esprit de la religion le

1 *Mandement cité*, pp. 2 et 3.
2 *Oraison funèbre*, p. 8.

» ramenoient dans la société, lorsque la décence le demandoit. » Il ne se refusoit point aux bienséances; il se prêtoit à la » conversation; il cherchoit à y égayer un caractère naturel» lement sérieux et grave. Malgré son amour pour la pauvreté » et la simplicité, sa générosité, sa grandeur d'âme éclatoient » dans les occasions où l'homme public devoit se montrer [1]. »

Aussitôt qu'il eut pris possession du siége épiscopal, « ses » premiers regards se portèrent sur ceux de sa maison. Il crut » que le soin de les instruire et l'attention à veiller sur la » manière dont ils remplissoient les devoirs de la religion, » devoient être les premiers objets de sa sollicitude pastorale. » Peu exigeant pour lui-même, l'évêque de Boulogne voulut » que les siens servissent fidèlement le maître commun des » hommes. » Il savait leur ménager « des occupations utiles » pour prévenir les maux que l'oisiveté entraîne après elle. » Des lectures réglées, auxquelles tous étoient tenus d'assister; » la prière commune à laquelle il présidoit lui-même, leur » donnant chaque jour l'exemple de la plus tendre piété, nour» rissoient en eux les sentimens de la religion et de la vertu [2]. »

[1] *Ibid.* p. 20.

On lit dans le journal manuscrit de M. Abot de Bazinghen, que le lendemain de la cérémonie de la translation des reliques de saint Omer et de saint Folquin, « M. l'évêque donna un grand repas aux notables » des trois États. *Il ne parut jamais si gay, ni plus pieusement ai- » mable,* satisfait sans doute de la nouvelle grâce que la Providence » venoit de lui accorder, de conserver dans son diocèse, sous ses yeux, » les précieux restes de deux de ses plus illustres prédécesseurs. »

En dehors de ces circonstances, un dîner d'apparat était extrêmement rare à l'évêché. Un peu de laitage, quelques aliments légers faisaient la nourriture et, d'après la tradition, le *très-modeste* ordinaire de l'évêque.

[2] *Oraison funèbre,* p. 13.

Plein de tendresse pour eux, il les traitait comme ses amis, ses enfants, les visitait fréquemment dans leurs maladies; enfin, à sa mort, il leur laissa à chacun « autant d'écus qu'il y avait d'années » qu'il était à son service. »

Les prêtres qui venaient le consulter pour les besoins de leur troupeau, les pauvres, « qu'il portoit tous dans son cœur, » avaient un libre accès auprès de lui. « Son palais, souvent fer- » mé à des visites de pure cérémonie, étoit toujours ouvert » pour les malheureux. Ils pouvoient approcher de lui avec con- » fiance, lui exposer leurs besoins, lui faire connoître leurs né- » cessités; il les écoutoit avec bonté, ne les rebutoit jamais, et » aucun d'eux ne se retiroit sans avoir reçu quelque secours [1]. »

Sa grande charité lui a fait obtenir l'éloge des ennemis les plus déclarés de la religion. Un romancier impie, qui a flatté dans ses écrits les plus basses passions du cœur humain, raconte un trait touchant de la bonté du prélat. « M. de Partz de Pressy, » dit-il, était évêque de Boulogne, lorsque j'étudiais chez les » oratoriens de cette ville. Un charretier de l'endroit, nommé » Caboche, perdit son cheval, qui le nourrissait lui et sa famille. » Il fut trouver son évêque, et déplora devant lui la perte qu'il » venait de faire. « Combien valait le cheval? — Cent écus, » Monseigneur.—Un tel, donnez cent écus à cet homme. — » Mais, Monseigneur, vous donnez tous les jours; il n'y a rien » à votre caisse.—Eh bien! donnez-lui un de mes chevaux.— » Eh! Monseigneur, vous n'en avez que deux.—Allons, allons, » donnez-lui en un; j'irai à pied jusqu'à ce que je puisse en » acheter un autre. Cet évêque, et M. Duteil, alors curé de

[1] *Mandement des vicaires-généraux*, p. 9.

» Calais, pouvaient servir de modèles à tout le clergé du monde » chrétien [1]. »

Combien n'est-il pas admirable de voir ce pieux pontife oublier, en quelque sorte, la dignité dont il était revêtu, pour se rabaisser jusqu'au plus humble de ses frères, écouter les plaintes et entrer dans le détail des besoins de tous, pour les soulager, les consoler et leur rendre le bonheur. « Il interrompoit » tout; comme Tobie, il quittoit la table pour voler au secours » du malheureux. Un abord affable, un air de compassion, un » visage sur lequel étoit peinte la bonté, des paroles pleines de » douceur, avoient déjà calmé l'affliction du pauvre, avant que la » main du charitable pasteur se fût ouverte pour soulager ses » maux. » Il mêlait quelquefois ses larmes à celles de ces infortunés. « Les besoins toujours excessifs et toujours renaissans ne » pouvoient lasser son inépuisable charité. » La générosité, la joie, l'air de satisfaction et d'intérêt avec lesquels il exerçait les œuvres de miséricorde, ajoutaient à ses bienfaits un prix inestimable. « Qui jamais, dit encore M. Coquatrix, fut » plus indulgent, plus compatissant? La mort même n'éteignoit » point sa charité; elle alloit au-delà du tombeau : le sort des » âmes que des taches légères privent de la vue de Dieu, tou» choit vivement son cœur; il offroit souvent pour elles, au Sei» gneur, le Saint-Sacrifice; il leur appliquoit les trésors de » l'Église et il ne négligeoit rien pour accélérer leur bonheur [2]. »

[1] L'auteur ajoute : « Je suis fâché de n'avoir à citer que ces deux là. » Nous sommes fâché que Pigault ait cru devoir lancer cette mauvaise pointe, pour atténuer l'effet du récit que nous venons de lire. Quelques pages plus loin il trouve encore à citer saint Vincent de Paul et le cardinal de Bérulle; décidément, s'il avait voulu interroger sa mémoire, il en eût trouvé bien d'autres!

[2] *Oraison funèbre*, pp. 16 et 20.

On le trouve partout où il y a des peines à consoler, des maux à soulager. Il voulait aller lui-même porter ses bienfaits jusque dans les cachots où gémissent « les tristes victimes de « la justice humaine. » Là, il faisait descendre la consolation dans les âmes; il apprenait aux malheureux à bénir la main qui les avait frappés et « à profiter de leurs maux pour gagner » une meilleure vie, faisant sur ces cœurs flétris par l'infortune, » ou dégradés par le crime, une impression qu'ils n'avoient » peut-être jamais ressentie [1]. »

Les acclamations des malheureux qui le vénéraient comme un ange du ciel, les cris d'admiration et d'attendrissement que sa présence et ses bienfaits soulevaient autour de lui, le trouvaient insensible : son humilité se refusoit aux éloges. « Ou on » me croit humble, disait-il, ou on me croit orgueilleux; si on » me croit humble, on doit sentir la peine que les éloges me » feroient; si on me croit orgueilleux, on augmenteroit par là » mon orgueil, et on se rendroit coupable.... L'humilité éclatoit » de toutes parts dans le vertueux prélat; elle se peignoit dans » tout son extérieur, dans toutes ses paroles. On admiroit en » lui ce maintien humble, cet air de modestie, ce langage d'un » homme pénétré de son néant, cette simplicité de mœurs si » frappante et si capable de faire, au premier aspect, une impression vive [2]. »

Nous avons déjà parlé de son dévouement au Saint-Siége. « Ses sentimens envers le Souverain Pontife étoient ceux de » l'obéissance et d'un amour vraiment filial. Il prenoit aux évé- » nemens qui portoient quelque atteinte à son autorité le vif

[1] *Ibid.* p. 16.
[2] *Ibid,* pp. 6 et 7.

» intérêt que la religion inspire. Il n'en parloit que dans les » termes les plus respectueux; il soumettoit de cœur tous ses » ouvrages à son jugement [1]; » et il le fit de la manière la plus explicite et la plus solennelle dans l'expression de ses dernières volontés. Contrairement à l'usage de plusieurs de ses prédécesseurs, il avait demandé à Rome un indult particulier, dont nous n'avons pas la teneur, mais qui contenait divers priviléges, dont les évêques de France avaient cru jusque-là pouvoir user, en vertu des libertés gallicanes. A sa mort, il voulut que les « livres » prohibés » qui se trouveraient dans sa bibliothèque fussent donnés au Grand-Séminaire, afin d'y être déposés dans « l'en» droit qu'on appelle l'*enfer.* » Dans son mandement de carême de 1764, il déplore la facilité coupable avec laquelle « plusieurs » catholiques, peu instruits sur cette importante matière, s'ex» posent à encourir les excommunications portées par l'Église, » notamment dans les ordonnances des supérieurs ecclésiastiques, » qui défendent, sous peine d'anathèmes, la lecture de certains » livres contraires à la foi et aux mœurs. » Comme il y a eu peu de livres, nommément prohibés par les évêques de France, n'est-ce pas de l'*Index romain* qu'il parle en cet endroit ?

« Toujours, aussi, il fut plein de soumission pour le Roi, » de considération et de déférence pour ceux qui partageoient » son autorité. Extrêmement réservé à juger ceux que la Pro» vidence a placés à la tête du gouvernement, il souffroit avec » peine qu'on les critiquât en sa présence, et il usoit, pour ré» primer la censure, de tout ce que le respect pour son rang et » pour sa personne lui donnoit d'autorité [2]. »

[1] *Ibid.* p. 18

[2] *Ibidem.*

On remarquait dans sa conversation « la plus grande exactitude » à ménager l'honneur du prochain; une aversion extrême pour » la médisance; une crainte prudente de prononcer légèrement » sur la conduite d'autrui; une attention, je dirois presque scru- » puleuse, à couvrir les fautes de ceux qui lui étoient sou- » mis [1]. »

Il avait fait graver, dans sa salle à manger [2], une inscription, qui subsiste encore, et qui montre quelle était sa délicatesse sur ce point. Nous croyons pouvoir la citer ici :

QUIQUIS AMAT DICTIS ABSENTUM RODERE VITAM
HANC MENSAM VETITAM NOVERIT IPSE SIBI.

CES DEUX VERS LATINS QUE
ST AUGUSTIN (SELON LE RÉCIT DE
POSSIDIUS HISTORIEN DE SA VIE) AVOIT
FAIT ÉCRIRE DANS SA CHAMBRE A MANGER SONT
TRADUITS EN FRANÇOIS PAR LES QUATRE SUIVANS

LOIN D'ICI MÉDISANS DONT LA LANGUE COUPABLE
DÉCHIRE L'HONNEUR DES ABSENS
ON NE PERMET A CETTE TABLE
QUE DES ENTRETIENS INNOCENS.

SALOMON A BIEN EU RAISON DE DIRE
LE MÉDISANT EST L'ABOMINATION
DES HOMMES. PROV. 24. 8. EN LEUR FAISANT
UN TORT INSIGNE DANS CE QU'ILS ONT DE PLUS
PRÉCIEUX, IL ENFREINT DÉTESTABLEMENT
CETTE GRANDE MAXIME DE LA STE ÉCRITURE
NE FAITES JAMAIS A UN AUTRE CE
QUE VOUS SERIEZ FACHÉ QU'UN
AUTRE VOUS FIT. TOB. 4. 16 L'HISTORIEN
LAMPRIDE RAPPORTE QUE L'EMPEREUR
ALEXANDRE SÉVÈRE QUI AVOIT APPRIS
DES CHRÉTIENS CETTE MAXIME L'AVOIT TROU-
VÉE SI BELLE, SI IMPORTANTE QUE QUOI QU'IL
FUT PAIEN IL LA FIT GRAVER DANS SON PALAIS
ET DANS D'AUTRES ÉDIFICES PUBLICS.

[1] *Ibidem* p. 19.

[2] Maintenant la biliothèque de l'institution dirigée par M. l'abbé Haffringue.

A cette circonspection dans ses paroles, il joignait une « dou-» ceur inaltérable, un langage toujours paisible, un front tou-» jours serein, une tranquillité d'autant plus admirable que ce » n'étoit que par des combats violens et continuels, qu'il avoit » pu » comme saint François de Sales, « acquérir un tel em-» pire sur un caractère naturellement vif; enfin une patience » invincible, qui lui faisoit envisager dans ses ennemis mêmes, » des objets de tendresse et de charité [1]. »

Ce dernier sentiment éclata dans toute sa force, à l'occasion d'une tentative d'assassinat, dont l'évêque faillit être la victime, le 14 juin 1759. Au sortir des vêpres, lorsqu'il posait le pied sur la marche de la porte qui conduisait de la Cathédrale à l'évêché, il se sentit tout-à-coup frappé à l'épaule par un malheureux, nommé Chevalier, qu'il avait refusé d'admettre aux Saints-Ordres, quelques années auparavant. Le coup fut si violent que le couteau se brisa dans les mains du meurtrier; mais la Providence permit que le prélat ne fût pas blessé mortellement. Malgré l'émotion que lui causa cet accident, il commanda de relâcher l'assassin, dont on s'était emparé sur le champ [2]. La justice fit rechercher le coupable et le 3 juillet suivant, le condamna à la peine des parricides, qu'il subit peu après. Le prélat, n'ayant pu arrêter le cours des procédures, ni empêcher l'exécution de l'arrêt, quoiqu'il eût fait de nombreuses démarches pour obtenir la grâce de ce malheureux, essaya du moins de fléchir la justice divine. « Le Saint-» Sacrifice, offert tous les jours pour l'assassin, attira sur lui

[1] *Oraison funèbre*, pp. 21 et 22.

[2] « Qu'on le laisse aller, s'écria-t-il, qu'on ne lui fasse point de mal! » *Ibid.* p. 22.

» les miséricordes du Seigneur et lui obtint des grâces de » componction et de pénitence. Tout ce qui tenoit au coupable » devint cher au cœur du vertueux prélat [1]; » et il fit à la pauvre mère de Charles Chevalier une pension annuelle et viagère de 200 livres, sans compter les secours personnels qu'il accorda à sa sœur.

La réputation dont jouissait Mgr de Pressy était celle d'un saint: dans les siècles primitifs on l'eût canonisé par acclamation. Nous avons, dans le cours de ce récit, parlé, en bien des endroits, de la piété affectueuse dont il était pénétré envers Dieu. C'est de là que vient son immense charité pour les hommes; aimer Dieu, aimer le prochain, sont deux commandements qui se tiennent et ne se peuvent séparer.

Citons une dernière fois l'*oraison funèbre* qui nous a si souvent servi pour raconter les détails intimes de la vie du prélat. « Après avoir employé toute la force et la sagacité de » son génie à démêler les sophismes les plus subtils, et à ap- » profondir les questions les plus épineuses, après s'être livré » aux occupations les plus capables d'absorber l'esprit, il portoit » tous les jours au saint autel la ferveur et les tendres effusions » d'un cœur qui ne s'est occupé, qui ne s'est nourri que de » Dieu.

« Cet avantage si précieux et si rare étoit l'effet de la viva- » cité de sa foi. Jésus-Christ crucifié, fut toujours, comme il le » disoit lui-même, le grand livre où il puisa sa science. L'étude » continuelle de la religion ne servoit qu'à lui découvrir de » plus en plus cette sagesse cachée dans les mystères de Dieu, » et à lui rendre plus sensibles les traits de sa bonté et de son

[1] *Ibid.*

» amour envers les hommes; et ainsi, loin de dessécher son » cœur, elle en ranimoit sans cesse les tendres sentimens. La » foi n'eut point, en quelque sorte, d'obscurité pour lui: l'en- » chaînement de ses vérités et l'évidence de ses motifs por- » toient dans son esprit la conviction et la clarté. Il étoit » frappé surtout et comme ravi hors de lui-même par le rappro- » chement et l'accord parfait des prophéties et de l'Évangile; » et il répétoit souvent, que plus il examinoit la religion, plus » il approfondissoit tout ce que les incrédules lui opposent, » plus il étoit pénétré de sa divinité. C'étoit dans les vues de » la foi qu'il envisageoit tout; c'étoit par elles qu'il apprécioit » tout, qu'il jugeoit tout. Et cette foi ne se montroit-elle pas » par les œuvres? N'étoit-elle pas la règle immuable de sa » conduite? le germe fécond des fruits de bénédiction dont » toute sa vie a été pleine? Il se montra toujours infiniment » jaloux d'en maintenir la pureté. Des tems fâcheux le virent » déployer pour elle toute la grandeur et la force du caractère » épiscopal. Ses travaux n'eurent point d'autre objet que la » défense de la religion; et la philosophie, poussée dans ses » derniers retranchemens, l'incrédulité vaincue par ses propres » armes, seront à jamais des témoignages éclatans du courage » et des succès avec lesquels il a livré le combat de la foi.

» Enfin, le dernier trait qui achève de la caractériser dans » le vertueux prélat, c'est la simplicité de cette foi si vive et si » éclairée. Esprits forts, hommes superbes, qui méprisez les » pratiques de la religion, ou plutôt la religion elle-même; » jeunesse égarée par ces docteurs du mensonge, et, plus sou- » vent peut-être, par la corruption de votre cœur; chrétiens de » peu de foi, qui craindriez de vous confondre avec le peuple, » en adoptant des pratiques que les mondains traitent de

» puérilités, et que les personnages les plus saints et les plus » savans eurent en vénération; paroissez ici, répondez-moi : » l'évêque de Boulogne fut-il un esprit foible ? Fut-ce un de » ces hommes dont les lumières bornées donnent lieu de soup- » çonner la piété de crédulité et de superstition? Fut-ce un de » ces hommes de peu de jugement, incapable de déposer les » préjugés de l'enfance, et de revenir sur les impressions » reçues dans la première éducation ? Fut-ce un de ces hom- » mes précipités, peu réfléchis, prêts à adopter, sans examen, » tout ce qui porte un caractère de nouveauté et de singularité? » Si vous osiez le dire, une foule de témoins déposeroit contre » vous; et l'érudition, la force, le raisonnement, la profondeur » du jugement qui régnent dans les productions de sa plume, » suffiroient pour vous confondre. Eh bien! cet homme dont » vous êtes forcés de respecter, d'admirer les vertus, les » talens, les lumières, la supériorité du génie, cet homme eut » une foi simple. Ces pratiques de piété que vous estimez si » peu, il ne les dédaignoit point; ces dévotions qui vous parois- » sent si petites et que vous laissez aux esprits foibles, il s'y » portoit avec zèle; ces devoirs communs du christianisme, » l'assistance aux saints offices, aux instructions, aux exercices » de la religion qui sanctifient les jours consacrés au Seigneur, » il s'y rendoit fidèle; il eût voulu, par son exemple, rappeler » tous ceux qui lui étoient soumis, à des devoirs qui ne sont » plus, s'il m'est permis de parler ainsi, du bon ton, et que, par » un aveuglement digne de compassion, une infinité de chré- » tiens ne se met plus en peine, que dis-je? rougiroit presque » de remplir.

» Il avoit surtout une dévotion tendre pour l'auguste protec- » trice de cette église. Il l'honoroit comme notre mère, notre

» médiatrice auprès de Dieu, le canal de ses grâces sur nous, » et le plus beau modèle qu'il nous ait donné, après son cher » Fils; il la réclamoit souvent avec l'Église entière comme notre » vie et notre espérance : *vita et spes nostra.* Et vous, hum- » ble serviteur de Dieu, pauvre de Jésus-Christ, » (Benoît-Joseph Labre), « qui ferez à jamais la gloire de ce diocèse, » vous qui avez caché, sous la plus vile apparence, les plus » riches trésors de vertus et de grâces; vous qui semblez n'être » né dans ce prétendu siècle de lumières, siècle de présomption » et d'orgueil, que pour confondre la sagesse du monde, et » pour donner aux hommes un exemple frappant de cette folie » de la croix qui est la force et la puissance de Dieu, avec » quelle confiance le pieux prélat s'adressoit à vous [1]! »

Telle fut la vie, telles furent les œuvres et les vertus d'illustrissime et révérendissime Père en Dieu, Monseigeur François-Joseph-Gaston de Partz de Pressy, onzième évêque de Boulogne. Les orages révolutionnaires qui sont venus, sitôt après sa mort, jeter en exil son vénérable successeur, décimer les prêtres, disperser les pierres du sanctuaire, effacer jusqu'à la trace de sa tombe, briser le siége épiscopal, n'ont pu faire oublier sa mémoire, parce que le Seigneur a écrit, dans des pages indélébiles, que la *mémoire du juste sera éternelle.* Puisse ce travail, où nous avons entrepris de recueillir les enseignements d'une vie si pleine d'œuvres, servir à l'exaltation de la sainte Église de Dieu, à la gloire de l'Église de Boulogne et à l'édification de nos frères, suivant cette autre parole de nos saints livres: *Defunctus adhuc loquitur.*

[1] *Ibid.* pp. 26, 27 et 28.

ERRATA.

Mgr de Pressy a été sacré dans la Cathédrale d'Amiens le *15 septembre 1743*, et non le *11 août*, comme nous l'avons dit à la page 42. Cette dernière date nous avait été donnée par les *Mémoires sur la vie de Mgr de La Motte*, et par les *Actes de l'Église d'Amiens* publiés sous l'épiscopat de Mgr Mioland. Les *Almanachs* de Picardie indiquent le 13 ou le 15 de septembre. Le P. Ignace a dit le 22 du même mois.

L'*Ordo* du diocèse de Boulogne, dont nous avons trouvé un exemplaire pour 1789, décide nettement la question. On y lit en effet : *15 septembris, octavâ Nativitatis B. M. V.* (HAC DIE QUÆ ANNIVERS. EST CONSECRAT. DD. EPISCOPI, etc.

INDEX BIBLIOGRAPHIQUE

OU

LISTE GÉNÉRALE DES ÉCRITS DE MGR DE PARTZ DE PRESSY[1].

1744 (11 Mai). — Mandement pour ordonner des prières publiques (à l'occasion du départ du Roi pour l'armée de Flandres) donné *à Boulogne, au Séminaire*[2]. Placard in-folio.

— (20 Mai). — Prières en actions de grâces de la conquête du comté de Nice. Donné *ibidem* . . . . . . Plac. in-f°.

— (18 Juin). — Prières en actions de grâces de la prise de Menin. Donné *ibid* . . Plac. in-f°.

— (15 Juil.). — Prières en actions de grâces pour la prise d'Ipres. Donné *ibid* . . Plac. in-f°.

— (27 Juil.). — Prières en actions de grâces pour la prise de Furnes[3], donné *ibid.* Plac. in-f°.

1 Nous devons à M. le marquis Adolphe de Partz la communication d'un grand nombre de ces écrits, conservés dans la bibliothèque du château d'Equirres.

2 Le Palais épiscopal était alors en réparation.

3 Voyez plus haut, p. 102.

1744 (26 Août). — Pour faire chanter le *Te Deum* en actions de grâces de la prise de Château-Dauphin [1]. Donné *à Boulogne, au Palais épiscopal*. . . Plac. in-f°.

— (7 Sept.). — Pour rendre à Dieu de solennelles actions de grâces du rétablissement de la santé du Roi. Donné *ibid*. . Plac. in-f°.

— (7 Octob.) — Pour faire chanter le *Te Deum* en actions de grâces de la prise de Demont et de divers autres avantages remportés sur les ennemis. Donné *ibid*. Plac. in-f°.

— (11 Nov.) — Pour faire chanter un *Te Deum* en actions de grâces d'une victoire remportée par les troupes Françaises et Espagnoles dans le Piémont. Donné *ibid*. Plac. in-f°.

— (9 Déc.). — Pour faire chanter le *Te Deum* en actions de grâces de la prise de Fribourg [2]. Donné *ibid*. . Plac. in-f°.

1745 (13 Mai). — Pour ordonner des prières publiques à l'occasion du départ du Roi pour l'armée de Flandres [3]. Donné à *Paris* (assemblée du Clergé). . Plac. in-f°.

— (23 Mai). — Pour ordonner des prières en actions de grâces de la victoire que le roi, commandant en personne son armée de Flandres, a remportée sur celle des alliés (pendant le siége de Tournai [4]). Donné *ibid*. . . . . Plac. in-f°.

[1] V. p. 101.

[2] V. p. 103.

[3] V. *ibidem*.

[4] V. pp. 102, 103.

1745 (7 Juil.). — Prières en actions de grâces de la prise de Tournai. Donné *ibid.* Plac. in-f°.

— (3 Août). — Pour faire chanter le *Te Deum* en actions de grâces de la prise de la ville et du château de Gand. Donné *ibid.* Plac. in-f°.

— (6 Août). — Jubilé accordé par N. S. P. le Pape Benoît XIV. (Bulle et mandement[1]). Donné *ibid.* . . . . . . 12 pp. in-4°.

— (11 Août). — Prières en actions de grâces de la prise des villes de Bruges et d'Oudenarde. Donné *ibid.* . . . . Plac. in-f°.

— (7 Sept.) — Prières en actions de grâces de la prise de Dendermonde. Donné à *Esquires.* . . . . Plac. in-f°.

— (24 Sept.) — Prières en actions de grâces de la prise de la ville d'Ostende. Donné à *Saint-Pol* . . . . Plac. in-f°.

— (27 Sept.) — Prières en actions de grâces de la prise de la ville de Nieuport. Donné *ibidem* . . . . Plac. in-f°.

— (7 Octob.) — Prières en actions de grâces de la prise de la ville et du château de Tortone. Donné à *Boulogne, au Séminaire.* Plac. in-f°.

— (14 Octob.) — Mandement pour ordonner des prières, en actions de grâces de la prise des villes et châteaux de Parme et de Plaisance. Donné *ibid.* . . Plac. in-f°.

[1] V. pp. 94 et 95.

1745 (20 Oct.) — Prières en actions de grâces de la victoire remportée en Italie par les troupes françaises et espagnoles sur l'armée du roi de Sardaigne (sur les bords du Tanaro). Donné *ibid.* . Plac. in-f°.

— (27 Oct.) — Prières en actions de grâces de la prise de la ville d'Ath. Donné *ibid.* Plac. in-f°.

— (1er Déc.) — Prières en actions de grâces de plusieurs avantages remportés en Italie par les troupes de France et d'Espagne. Donné *ibid.* . . . . . . Plac. in-f°.

1746 (9 Mars). — Prières publiques en actions de grâces de la prise de Bruxelles. Donné *ibidem* . . . . Plac. in-f°.

— (16 Mars). — † [1] Statuts synodaux du diocèse de Boulogne (Mandement, statuts et appendices [2]). . In-4° de pp. 46 : 132.

1747 (4 Octob.) — Prières en actions de grâces de la prise de Berg-op-Zoom. Donné à *Boulogne, au Séminaire* . . . Plac. in-f°.

1749 (13 Mars). — Prières pour les âmes de ceux qui sont morts dans les armées de Sa Majesté pendant la dernière guerre. Donné à *Boulogne* . . . . . Plac. in-f°.

[1] Les écrits qui sont précédés de ce signe †, sont les seuls que M. Migne ait réimprimés, dans les Œuvres *intitulées* TRÈS-COMPLÈTES, qu'il a publiées en 1842, en 2 vol. in-4°.

[2] V. chap. IV. pp. 50 et suiv.

1750 (12 Janv.) — Mandement pour le Carême. Donné à *Boulogne*[1]. . . . . Plac. in-f°.

— (7 Avril[2]).—† Rituel du diocèse de Boulogne[3], in-4° de pp. XX, 331 et 252 IX. (Le mandement qui le précède n'a pas été réimprimé par M. Migne).

— (22 Sept.) — Mandement[4] pour faire chanter le *Te Deum* en actions de grâces de l'heureux accouchement de Madame la Dauphine (naissance de la princesse Marie-Zéphyrine, morte 5 ans après). Plac. in-f°.

1751 (27 janv.) — Mandement pour le Carême[5] (réimprimé dans le livret de l'Adoration perpétuelle, pp. 78-86).

— (22 Avril).— Jubilé universel de l'année sainte. (Bulle, mandement et instructions) pp. 11, 10, 15, in-4°.

— (23 Sept.) — Mandement pour faire chanter le *Te Deum* en actions de grâces de la naissance de Monseigneur le Duc de Bourgogne (Louis-Xavier, mort dix ans plus tard). . . . . . Plac. in-f°.

[1] Nous omettrons désormais la désignation donnée à Boulogne, que nous sous-entendons.

[2] C'est la date du mandement qui accompagne et promulgue le Rituel.

[3] Voir chapitre V., pages 64 et suivantes.

[4] Voir page 104.

[5] Voir page 92.

[6] Voir page 104.

1751 . . . . . — Extrait du rituel de Boulogne sur ce qui concerne l'administration des Sacremens aux malades [1] in-12 de 198 p.

1752 (15 Janv.) — Mandement pour le carême [2] (réimprimé dans le livret de l'Adoration perpétuelle, pp. 88-99.)

— (19 Juil.) — Mandement qui ordonne des prières pour la conservation des biens de la terre. Donné *au château de Brunembert.* Plac. in-f°.

— (17 Déc.) — Catéchisme du diocèse de Boulogne [3] (et mandement *ad hoc* seul réimprimé par † M. Migne). In-18 de 128 pages, deux non chiffrées.

1753 (24 Janv.) — Catéchisme des fêtes [4] (mandement *ad hoc*). In-18 de 60 pages, dont deux pour le mandement. (Nous citons l'édition originale).

— (28 Janv.) — Mandement [5] pour le Carême, in-4° de 8 pages (réimprimé seulement dans le livret de l'Adoration perpétuelle, pages 100-115).

1 On y remarque la publication de l'Indulgence plénière *in articulo mortis*, suivant l'ordre établi par Benoît XIV. Mgr de Pressy avait sollicité pour son diocèse cette faveur insigne, que le Souverain-Pontife lui accorda par un bref en date du 9 avril 1750.

2 V. p. 93.

3 V. chapitre VI, pages 67 et suivantes.

4 V. p. 72.

5 V. p. 93.

1753 (12 Avril).—Mandement [1] qui autorise des quêtes dans le diocèse en faveur des Quinze-Vingts aveugles de Paris. . . Plac. in-f°.

— (1er Juin). — L'Adoration perpétuelle du Très-Saint Sacrement de l'Autel, établie dans tout le diocèse de Boulogne [2], avec des actes et prières que l'on pourra faire pendant le temps de l'Adoration. In-12 de 135 pages. (Cet opuscule contient un mandement, daté comme en marge, réimprimé avec l'*Ordre pour l'Adoration perpétuelle*, sous la date du 27 septembre suivant. (12 pages in-4°), dans les *Statuts de 1770* et dans Migne.)

— (22 Sept.)—Mandement [3] qui ordonne que le *Te Deum* soit chanté en actions de grâces de la naissance de Mgr le duc d'Aquitaine (Xavier-Marie-Joseph, mort six mois après) . . . . . 3 pages in-4°.

1754 (24 Janv.)— Mandement pour le carême [4]. 8 pages in-4°.

— (1er Mars).—Catéchisme de la Tonsure, dans lequel on traite des principaux devoirs des ecclésiastiques, selon l'Ecriture, les Conciles et les Pères. (Mandement *ad hoc*), un volume in-12 de 90 pages.

— (20 Mars).—Mandement [5] de 7 pages in-12, en tête de l'*Histoire abrégée de l'Ancien Testament*.

[1] V. p. 95.
[2] V. chap. VII, p. 75 et suiv.
[3] V. pp. 111-113.
[4] V. p. 93.
[5] V. p. 72.

1754 (4 Sept.) — Mandement [1] qui ordonne que le *Te Deum* sera chanté en actions de grâces de la naissance d'un duc de Berry (Louis-Auguste, qui régna sous le nom de Louis XVI, mort le 21 janvier 1793) In-4° de 3 pages.

— (1er Oct.) — Lettre à M. le Procureur du Parlement de Paris [2]. . . . In-4° de 4 pages.

— (1er Déc.) — Mandement [3] pour faire des quêtes, dont le produit doit servir à la reconstruction d'une église à Alger, en faveur des esclaves chrétiens. In-4° de 4 pages.

1755 (12 Janv.)—Mandement pour le Carême [4], in-4° de 11 pages.

— (20 Mars). — Mandement [5] (de 6 pages in-12) en tête de l'*Histoire abrégée de N.-S. Jésus-Christ.*

— (26 Nov.) — Mandement [6] qui ordonne que le *Te Deum* sera chanté en actions de grâces de la naissance d'un comte de Provence, (Louis-Stanislas-Xavier, dit Louis XVIII, mort le 16 septembre 1824) in-4° de 4 pages.

1756. (27 Janv.)—Mandement pour le Carême [7]. In-4° de 8 pages.

— (14 Mars).—Mandement latin (de 6 pages in-12), en tête des *Officia propria Sanctorum* [8].

[1] V. p. 105.
[2] V. pp. 116-118.
[3] V. p. 95.
[4] V. p. 93.
[5] V. p. 73.
[6] V. pp. 105 & 106.
[7] V. p. 93.
[8] V. pp. 77 & 78.

1757 (26 Janv.) — Mandement pour le Carême [1]. In-4° de 8 pages.

— (10 Mars). — Mandement [2] qui ordonne qu'on chantera une messe solennelle et le *Te Deum*, en actions de grâces de la protection qu'il a plu à Dieu d'accorder à ce roïaume, en sauvant le roi du danger qu'a couru sa personne sacrée. In-4° de 4 pages.

— (24 Mai). — Mandement [3] sur les nécessités pressantes des pauvres de son diocèse. In-4° de 4 pages.

— (29 Oct.) — Mandement [4] qui ordonne un *Te Deum* en actions de grâces de la naissance d'un comte d'Artois (Charles-Philippe, dit Charles X, mort le 6 novembre 1836). . . . In-4° de 4 pages.

1758. (7 Janv.) — Mandement pour le Carême [5]. In-4° de 8 pages.

— (15 Mars). — † Mandement pour le renouvellement public et annuel des vœux du baptême [6], (avec une *formule* spéciale). Réimprimé dans les statuts de 1770 et dans Migne. — Édit. originale, In-4° de 12 pages.

[1] V. p. 93.
[2] V. p. 139.
[3] V. p. 96.
[4] V. p. 106.
[5] V. p. 93.
[6] V. pp. 79 & suiv.

1758 (5 Oct.) — Mandement pour faire chanter le *Te Deum* en actions de grâces de la prospérité des armes du Roi en Canada et en Bretagne . . . in-4° de 4 pages.

— (5 Nov.) — Pour faire chanter le *Te Deum*, en actions de grâces de la victoire remportée par les troupes du Roi, dans le pays de Hesse . . . . in-4° de 4 pages.

1759 (29 Janv.)— Mandement pour le Carême [1] in-4° de 8 p. (on trouve réuni à cette pièce, sous la même date, un *avertissement* en 4 p. in-4°, au sujet d'un charlatan superstitieux qui avait fabriqué un faux certificat revêtu de l'autorité de son nom).

— (10 Mars). — Jubilé universel accordé par Notre S. P. le Pape Clément XIII (bulle et mandement *ad hoc*). In-4° de 16 pages.

— (8 Mai). — Mandement pour faire chanter un *Te Deum* en actions de grâces de la victoire remportée par les troupes du Roi sur l'armée des alliés (à Bergen, près de Francfort). . . In-4° de 4 pages.

1760 (24 Janv.) — Mandement pour le Carême [2]. In-4° de 8 p.

— (Mai) . — Éclaircissements sur l'Encyclique *Ex omnibus* de Benoît XIV, donnés à l'Assemblée générale du Clergé [3], et imprimés dans le procès-verbal de l'abbé Duranthon, col. 865 à 877. (Procès-verb., t. VIIIe, 1re partie) édit. de 1778.

[1] V. p. 93. [2] *Ibid.* [3] V. pp. 121 et suiv.

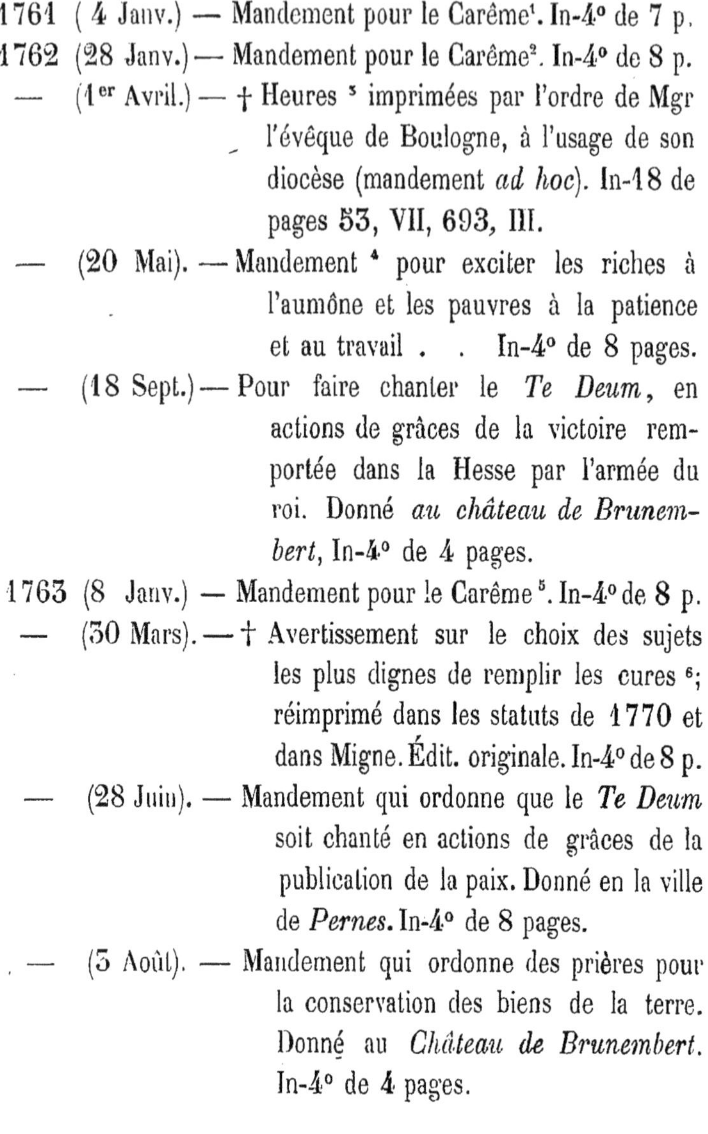

1761 (4 Janv.) — Mandement pour le Carême[1]. In-4° de 7 p.

1762 (28 Janv.) — Mandement pour le Carême[2]. In-4° de 8 p.

— (1er Avril.) — † Heures [3] imprimées par l'ordre de Mgr l'évêque de Boulogne, à l'usage de son diocèse (mandement *ad hoc*). In-18 de pages 53, VII, 693, III.

— (20 Mai). — Mandement [4] pour exciter les riches à l'aumône et les pauvres à la patience et au travail . . In-4° de 8 pages.

— (18 Sept.) — Pour faire chanter le *Te Deum*, en actions de grâces de la victoire remportée dans la Hesse par l'armée du roi. Donné *au château de Brunembert*, In-4° de 4 pages.

1763 (8 Janv.) — Mandement pour le Carême[5]. In-4° de 8 p.

— (30 Mars). — † Avertissement sur le choix des sujets les plus dignes de remplir les cures[6]; réimprimé dans les statuts de 1770 et dans Migne. Édit. originale. In-4° de 8 p.

— (28 Juin). — Mandement qui ordonne que le *Te Deum* soit chanté en actions de grâces de la publication de la paix. Donné en la ville de *Pernes*. In-4° de 8 pages.

— (3 Août). — Mandement qui ordonne des prières pour la conservation des biens de la terre. Donné au *Château de Brunembert*. In-4° de 4 pages.

[1] V. p. 93 et 139.
[2] V. *Ibid.*
[3] V. p. 81.
[4] V. p. 96.
[5] V. p. 93.
[6] V. p. 176.

1764 (22 Fév.) — Mandement pour le Carême[1]. In-4° de 12 pages.

— (22 Mars). — Nouvelle édition du catéchisme des fêtes, avec un mandement modifié de celui de 1753 sur le même sujet (5 pages in-18).

— (19 Avril). — † Avertissement sur l'observation des statuts [2]; (réimprimé en 1770 et dans Migne) . . . In-4° de 12 pages.

— (16 Août). — Mandement qui ordonne des prières pour la conservation des biens de la terre. In-4° de 4 pages.

1765 (2 Janv.) — † Lettre pastorale [3] sur les conférences ecclésiastiques. In-4° de 20 pages; (réimprimée dans les statuts de 1770 et dans Migne).

— (15 Janv.) — Mandement pour le Carême[4]. In-4° de 8 p.

— (12 Juin.) — Mandement qui ordonne des prières pour la conservation des biens de la terre. In-4° de 4 pages.

1766 (2 Janv.) — † Avertissement aux Pasteurs [5] sur l'obligation d'instruire, in-4° de 12 pages (réimprimé dans les statuts de 1770 et dans Migne).

— (6 Janv.) — Mandement [6] qui ordonne des prières publiques pour le repos de l'âme de Mgr le Dauphin. . . in-4° de 4 pages.

[1] V. p. 93 et 219.
[2] V. p. 126.
[3] V. p. 128.
[4] V. p. 93.
[5] V. p. 132 et suiv.
[6] V. p. 106.

1766 (10 Janv.) — Mandement pour le Carême [1] in-4° de 7 p.
— (27 Janv.) — Mandement [2] qui ordonne une quête pour en employer le produit à la délivrance des sujets de Sa Majesté qui sont captifs dans le royaume de Maroc. In-4° de 4 pages.
— (22 Mars). — † Instructions [3], pratiques et prières pour la dévotion au Sacré-Cœur de Jésus. In-18 de 264, 60 pages.
— (10 Mai). — † Mandement [4] pour établir la dévotion et l'office du Sacré-Cœur de N.-S. J.-C. dans tout son diocèse; in-4° de 12 p. (déjà publié dans l'ouvrage précédent, réimprimé dans les statuts de 1770 et dans Migne).
— (6 Juillet). — Mandement qui ordonne des prières publiques pour la conservation des biens de la terre. Donné en *l'abbaye de Blangy*. In-4° de 4 pages.
1767 (18 Janv.) — Mandement pour le Carême [5]. In-4° de 8 p.
— (3 Mars). — † *Casus reservati* [6] *et monita circa administrationem sacramenti pœnitentiæ*. In-8°.
(24 Mars). — † Avertissement aux curés [7] et aux autres ministres de la divine parole, sur les règles à observer en l'annonçant. In-4°

[1] V. p. 93
[2] V. p. 95.
[3] V. p. 82.
[4] *Ibid.*
[5] V. p. 93.
[6] V. p. 66.
[7] V. p. 133.

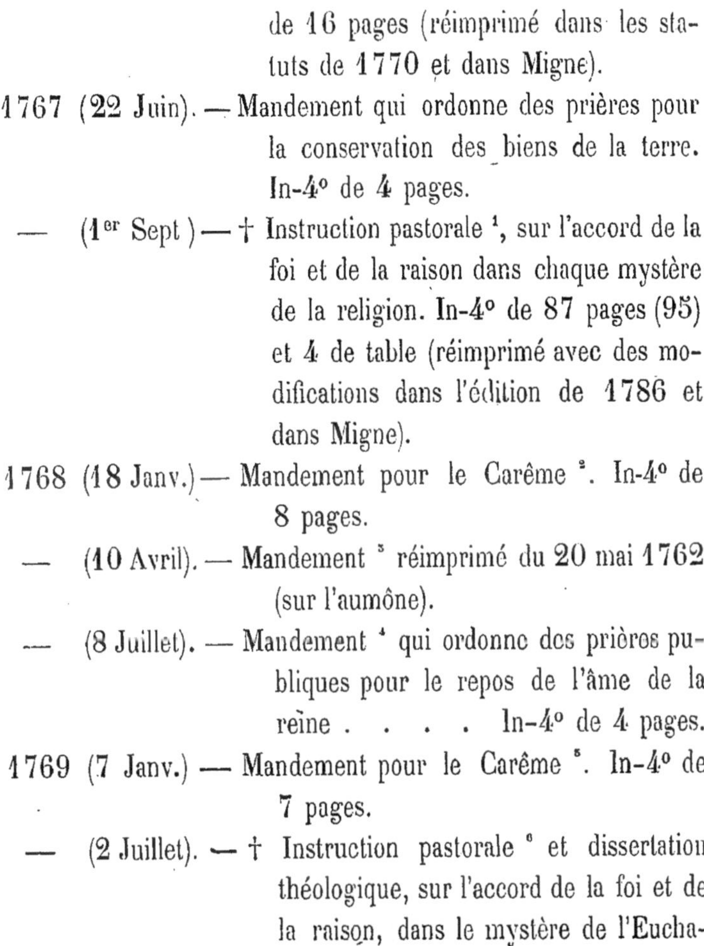

de 16 pages (réimprimé dans les statuts de 1770 et dans Migne).

1767 (22 Juin). — Mandement qui ordonne des prières pour la conservation des biens de la terre. In-4° de 4 pages.

— (1er Sept) — † Instruction pastorale [1], sur l'accord de la foi et de la raison dans chaque mystère de la religion. In-4° de 87 pages (95) et 4 de table (réimprimé avec des modifications dans l'édition de 1786 et dans Migne).

1768 (18 Janv.) — Mandement pour le Carême [2]. In-4° de 8 pages.

— (10 Avril). — Mandement [3] réimprimé du 20 mai 1762 (sur l'aumône).

— (8 Juillet). — Mandement [4] qui ordonne des prières publiques pour le repos de l'âme de la reine . . . . In-4° de 4 pages.

1769 (7 Janv.) — Mandement pour le Carême [5]. In-4° de 7 pages.

— (2 Juillet). — † Instruction pastorale [6] et dissertation théologique, sur l'accord de la foi et de la raison, dans le mystère de l'Eucharistie. In-4° de 142 pages, plus 4 non chiffrées (réimprimé dans l'édition de 1786 et dans Migne).

[1] V. chap. XIV.
[2] V. p. 93.
[3] V. p. 96.
[4] V. p. 106.
[5] V. p. 93.
[6] V. chap. XIV.

1770 (. . . . .)—✝ Statuts synodaux du diocèse de Boulogne [1] (avec un *appendice* contenant plusieurs instructions spéciales déjà imprimées). In-4° de 162, 24 pages.

— (15 Janv.) — Mandement pour le Carême [2]. In-4° de 8 pages.

— (1er Mars). — Mandement qui ordonne une quête pour le soulagement de la Terre-Sainte. In-4° de 4 pages.

— (17 Mars). — Jubilé universel [3] accordé par N. S. P. le Pape Clément XIV (bulle et mandement *ad hoc*) . . . In-4° de 12 pages.

1771 (5 Janv). — ✝ Mandement pour le Carême [4]. In-4° de 8 pages (réimprimé à la fin de l'Instruction pastorale de 1772 et dans Migne).

— (3 Avril). — Mandement qui ordonne des prières publiques, pour obtenir la cessation de la maladie des bêtes à cornes. In-4° de 4 p.

— (19 Août). — Mandement qui ordonne des prières pour la conservation des biens de la terre. In-4° de 4 pages.

1772 (7 Janv.) — ✝ Mandement pour le Carême [5]. (In-4° de 8 pages, réimprimé à la fin de l'Instruction pastorale de 1773, et dans Migne).

[1] V. p. 126.
[2] V. p. 93.
[3] V. p. 191.
[4] V. p. 93
[5] *Ibid.*

1772 (. . . . .) — † Instruction pastorale [1] et dissertation théologique sur l'accord de la foi et de la raison, dans les mystères de l'Incarnation et de la Rédemption (réimprimée dans l'édition de 1786 et dans Migne). In-4° de 104 pages.

1773 (. . . . .) — † Instruction pastorale [2] et dissertation théologique sur l'accord de la foi et de la raison, dans les mystères de l'Incarnation et de la Rédemption (réimprimée dans l'édition de 1786 et dans Migne). In-4° de 160 pages.

— (15 Janv.) — Mandement pour le Carême [3]. In-4° de 8 p.

— (27 Août). — Mandement [4] pour la translation solennelle des reliques de saint Fuscien et de saint Victoric . . . In-4° de 4 pages.

1774 (10 Janv.) — Mandement pour le Carême [5]. In-4° de 8 p.

— (10 Mars). — † Mandement [6] pour procurer un grand soin de la conservation temporelle et du salut éternel des enfans qui sont dans le sein de leurs mères, soit vivantes, soit mortes. In-4° de 12 pages (Accompagné d'un *Mémoire dans lequel on expose succinctement la Doctrine contenue dans un livre qui a pour titre: l'Embryologie sacrée*. In-4° de 8 pages (le tout réimprimé dans Migne).

[1] V. chap. XIV.
[2] V. *Ibid.*
[3] V. p. 93.
[4] V. p. 161.
[5] V. p. 93.
[6] V. p. 162.

1774 (16 Mai). — Mandement qui ordonne des prières publiques pour l'âme du feu Roi [1]. In-4° de 4 pages.

— (3 Sept.) — † Mandement pour le concours aux cures situées en Artois [2] (réimprimé dans le *Rituel* de 1780, pages 276-281).

1775 (23 Janv.) — Mandement pour le Carême [3]. In-4° de 8 pages.

— (17 Mai). — Mandement au sujet du brigandage exercé sur les blés dans la capitale et autres endroits du royaume. In-4° de 9 pages.

1775 (19 Juin). — Mandement pour faire chanter le *Te Deum* en actions de grâces de l'onction sacrée que le Roi a reçue dans la ville de Reims, et pour ordonner des prières publiques afin d'obtenir l'effusion fort abondante des faveurs célestes sur la personne et le règne de Sa Majesté . . . . . . in-4° de 6 pages.

1776 (6 Janv.) — Mandement pour le carême [4]; in-4° de 8 p.

— (7 Mars). — Jubilé universel de l'année sainte (traduction de la Bulle, 8 pages in-4° et Mandement *ad hoc,* aussi de 8 p. in-4°).

— (8 Juillet). — † Instruction pastorale [5] et dissertation théologique sur l'accord de la foi et de la raison dans les mystères de l'Incar-

[1] V. p. 106.
[2] V. p. 177 et suiv.
[3] V. p. 93.
[4] V. p. 93.
[5] V. chap. XIV.

nation et de la Rédemption. (C'est la 3e partie d'un travail commencé en 1772, continué en 1773, réimprimé en entier dans l'édition de 1786 et dans Migne). In-4° de 200 pages.

1777 (17 Janv.) — Mandement pour le Carême, In-4° de 8 p.

— 30 (Juill.) — Mandement qui ordonne des prières publiques pour la conservation des biens de la terre . . . In-4° de 4 pages.

1778 (2 Février) — † Mandement pour le Carême. In-4° de 8 p.

— (25 Mars). — † Mandement portant suppression de plusieurs fêtes de son diocèse [1]; in-4° de 8 pages.

— (15 Sept.) — Mandement qui ordonne des prières pour l'heureuse délivrance de la Reine, in-4° de 4 pages.

— (23 Déc.) — Mandement pour faire chanter le *Te Deum* en actions de grâces de l'heureux accouchement de la Reine et en vue d'obtenir la naissance d'un Dauphin. (Donné à propos de la naissance de la princesse Marie-Thérèse, depuis duchesse d'Angoulême) . . . In-4° de 4 pages.

1779 (7 Janv.) — † Mandement pour le Carême, in-4° de 8 p.

— (30 Juin). — † Instruction pastorale [2] et dissertation théologique sur l'accord de la foi et de la raison dans le mystère de la distribution des dons inégaux de la grâce;

[1] V. p. 163 et suiv. [2] V. chap. XIV.

et des moyens suffisans de salut; première partie. In-4° de 216 pages.

— Réimprimée dans l'édition de 1786 et dans Migne.

1779 (19 Sept.) — Mandement qui ordonne que le *Te Deum* sera chanté en actions de grâces du succès des armes du Roi en Afrique et en Amérique. In-4° de 4 pages.

— (21 Nov.) — Règlement pour le prix de sagesse [1] et la dot fondés en faveur des filles pauvres les plus vertueuses de la paroisse de St-Nicolas de Boulogne. In-4° de 16 p.

1780 (3 Janv.) — † Mandement pour le Carême. In-4° de 8 pages.

— (16 Mars). — † Rituel du diocèse de Boulogne. In-4° de pp. 280, 328, 64; avec un mandement *ad hoc*.

— (3 Août). — Règlement pour les prix de sagesse dans les six paroisses où l'évêché de Boulogne avait des seigneuries. In-4° de 16 pages.

1781 (18 Janv.) — † Mandement pour le Carême. In-4° de 8 p.

— (6 Juin). — Mandement qui ordonne des prières pour la conservation des biens de la terre. In-4° de 4 pages.

— (13 Juillet). — Mandement qui ordonne des prières publiques pour la Reine, particulièrement à l'autel de Notre-Dame. In-4° de 4 p.

[1] V. p. 167.

— (27 Oct.) — Mandement qui ordonne que le *Te Deum* sera chanté dans toutes les églises du diocèse, en actions de grâces de la naissance d'un Dauphin. In-4° de 4 p.

— (3 Déc.) — Mandement qui ordonne que le *Te Deum* sera chanté, en actions de grâces de la prospérité des armes du Roi sur terre et sur mer, en Amérique. In-4° de 4 pages.

— (30 Déc.) — † Instruction pastorale [1] et dissertation théologique sur l'accord de la foi et de la raison dans le mystère de la distribution des dons inégaux de la grâce; seconde partie. In-4° de 132 pages, réimprimée dans l'édit. de 1786 et dans Migne.

1782 (15 Janv.) — † Mandement pour le Carême. In-4° de 8 pages.

— (26 Févr.) — † Règlement [2] pour la fondation d'un prix de sagesse et d'une dot en faveur des filles pauvres les plus vertueuses de la paroisse de Saint-Joseph, en la ville de Boulogne. . . In-4° de 16 pages.

(C'est une reproduction modifiée du règlement publié en 1779, *vid. sup.*)

— (10 Avril). — Avis donnés au synode des Doyens de chrétienté [3] du diocèse de Boulogne, le 10 avril 1782 . In-4° de 4 pages.

[1] V. chap. XIV. [2] V. p. 167. [3] V. p. 171.

1782 (14 Août). — Mandement qui ordonne des prières pour la conservation des biens de la terre. In-4° de 4 pages.

1783 (29 Janv.) — † Mandement pour le Carême. In-4° de 8 pages.

— (30 Avril). — Avis donnés au synode des Doyens de chrétienté [1] du diocèse de Boulogne, le 30 avril 1783 . In-4° de 8 pages.

— (3 Juillet). — Mandement [2] qui ordonne des prières pour la conservation des biens de la terre. In-4° de 8 pages (contenant l'annonce de la mort du vénérable serviteur de Dieu, Bénoît-Joseph Labre).

— (3 Déc.) — Mandement qui ordonne que le *Te Deum* soit chanté en actions de grâces de la publication de la paix. In-4° de 8 pages.

1784 (29 Janv.) — † Mandement pour le Carême. In-4° de 8 pages.

— (21 Avril). — † Avis donnés au synode des Doyens de chrétienté [3] du diocèse de Boulogne. In-4° de 8 pages.

— (10 Déc.) — Mandement qui ordonne des prières pour l'heureuse délivrance de la Reine. In-4° de 4 pages.

1785 (5 Janv.) — † Mandement pour le Carême; in-4° de 8 pages.

— (3 Février). — † Mandement qui ordonne une quête dans les églises de son diocèse, en faveur

[1] *Ibid.* [2] V. p. 169. [3] V. p. 185.

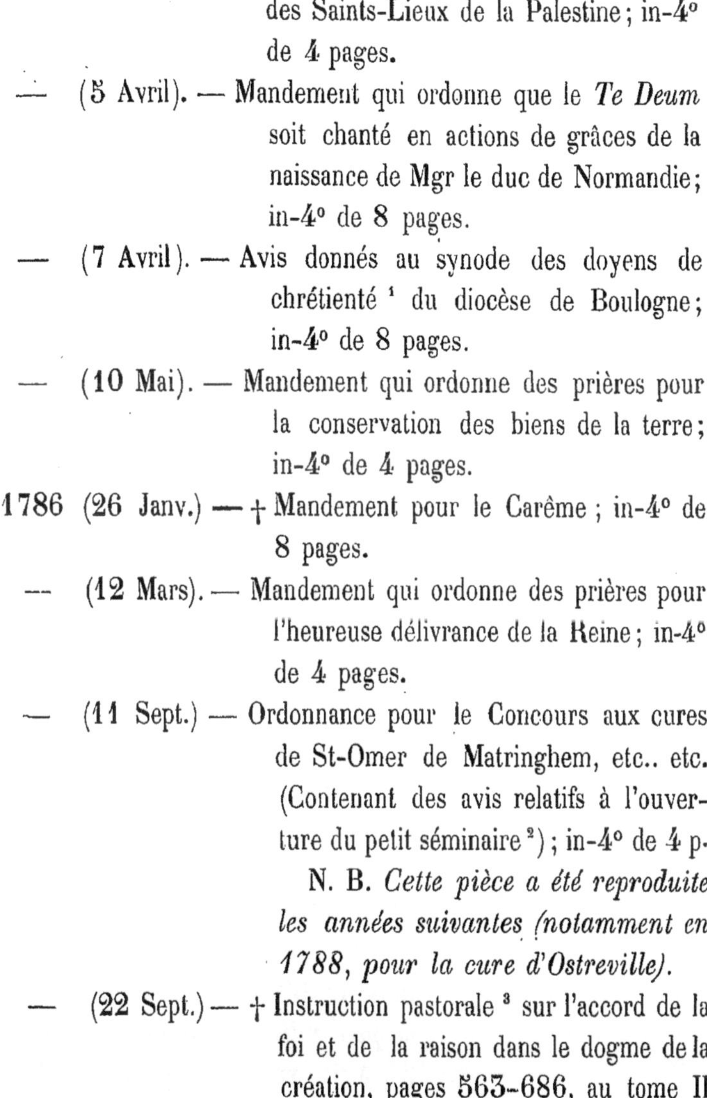

des Saints-Lieux de la Palestine; in-4° de 4 pages.

— (5 Avril). — Mandement qui ordonne que le *Te Deum* soit chanté en actions de grâces de la naissance de Mgr le duc de Normandie; in-4° de 8 pages.

— (7 Avril). — Avis donnés au synode des doyens de chrétienté [1] du diocèse de Boulogne; in-4° de 8 pages.

— (10 Mai). — Mandement qui ordonne des prières pour la conservation des biens de la terre; in-4° de 4 pages.

1786 (26 Janv.) — † Mandement pour le Carême; in-4° de 8 pages.

— (12 Mars). — Mandement qui ordonne des prières pour l'heureuse délivrance de la Reine; in-4° de 4 pages.

— (11 Sept.) — Ordonnance pour le Concours aux cures de St-Omer de Matringhem, etc.. etc. (Contenant des avis relatifs à l'ouverture du petit séminaire [2]); in-4° de 4 p.

N. B. *Cette pièce a été reproduite les années suivantes (notamment en 1788, pour la cure d'Ostreville).*

— (22 Sept.) — † Instruction pastorale [3] sur l'accord de la foi et de la raison dans le dogme de la création, pages 563-686, au tome II de la réimpression qui se fit en 1786

[1] V. p. 171. [2] V. p. 187. [3] V. p. 152.

de toutes les instructions pastorales précédentes, sous ce titre : *Instructions pastorales et dissertations théologiques de Mgr l'Évêque de Boulogne, sur l'accord de la Foi et de la Raison dans les mystères, considérés en général et en particulier*. A Boulogne, chez F. Dolet, et à Paris, chez Moutard, 2 v. in-4° de 584 pages, XII, et 686, XV. (C'est cette édition qui a servi de texte à M. Migne).

1787 (22 Janv.) — † Mandement pour le Carême. In-4° de 8 p.

— (6 Déc.) — † Mandement pour la translation solennelle des sacrées reliques de saint Omer et de saint Folquin[1], les plus illustres évêques de son diocèse. In-4° de 12 pages.

1788 (15 Janv.) — † Mandement pour le Carême. In-4° de 8 p.

— (9 Juill.) — Mandement qui ordonne des prières pour la conservation des biens de la terre. In-4° de 4 pages.

— (. . . . .) — † Instruction pastorale[2] sur les avantages de la foi et de la soumission à l'autorité de l'Église; première partie (seule publiée et probablement seule composée). In-4° de 60 pages, avec des additions de *pièces diverses*, paginées j à xxxvj, lvij à civ, xxxiij à lxxij; réimprimée en meilleur ordre dans Migne.

[1] V. p. 172. [2] V. p. 151.

1789 (29 Janv.) — † Mandement pour le Carême. In-4° de 8 p.

— (18 Avril). — † Mandement et instruction pastorale [1] qui ordonne des prières publiques pour l'heureux et durable succès de la tenue prochaine des États-Généraux, convoqués par le Roi, et qui, en outre, eu égard aux circonstances actuelles, ordonne aux riches de ce siècle la fuite de l'orgueil et du luxe, la douceur, la libéralité envers les pauvres, et, aux pauvres, la patience et le travail. In-4° de 30 pages.

— (12 Août). — † Mandement [2] pour faire chanter le *Te Deum* en actions de grâces des délibérations de l'Assemblée Nationale, du 3 août 1789, relativement à la restauration de la liberté de la France. In-4° de 12 pages.

— (30 Août). — † Lettre de M. l'évêque de Boulogne, relative au mémoire [3] qu'il a promis, dans son mandement du 12 août dernier, d'envoyer à l'Assemblée nationale, concernant huit questions y énoncées. In-4° de 14 pages.

— (8 Sept.) — † Mandement au sujet des troubles qui désolent le Royaume, et des moyens que le Roi veut qu'on emploie pour les faire cesser. . . . In-4° de 8 pages.

[1] V. p. 195 et suiv. [2] V. p. 197. [3] V. p. 198.

Dans cet index bibliographique, nous avons omis d'indiquer quelques mandements dont la date première est incertaine, ou dont l'existence, bien que révélée par le prélat lui-même qui les cite, n'a pu être vérifiée par nous. Ce sont :

1° *Mandement de Mgr l'évêque de Boulogne pour ses visites pastorales*, contresigné *Caffieri*. Ce mandement est antérieur à 1745, puisque c'est à la fin de cette année que Clément a été nommé secrétaire. La date est en blanc. Nous en avons rencontré un exemplaire daté à la main, du 3 avril 1748. La signature *Caffieri* y est raturée pour faire place à celle de *Clément*. In-4° de 6 pages.

2° *Mandement de Mgr l'évêque de Boulogne pour la seconde visite de son diocèse.* In-4° de 8 pages. C'est une œuvre qui diffère considérablement de la précédente, et qui, réalisant la pensée du prélat sur cet objet, a été réimprimée pour les *Visites* subséquentes. Nous en avons trouvé des exemplaires avec les dates, remplies à la main, des 12 janvier 1755, 30 janvier 1767, 25 janvier 1775, 10 janvier 1780 et 16 février 1789.

3° † *Mandement pour inviter les prêtres de son diocèse à se renouveler de tems en tems par des retraites spirituelles dans la grâce de leur sacerdoce.* In-4° de 8 pages. Réimprimé par M. Migne sous la date du 25 août 1789, ce mandement a dû être publié pour la première fois en 1749. Depuis lors, nous le trouvons distribué chaque année avec des dates à la main, notamment du 17 août 1757, 4 août 1761, 22 août 1770, 17 août 1776, 20 août 1777; il n'y a que de très-légères modifications dans le dispositif.

4° La Bibliothèque historique de la France (suppl. du tome 1er) indique une édition in-12 des statuts, qui aurait été faite en 1744. Cette assertion nous paraît sans fondement.

5° 1746. Avertissement imprimé touchant la tenue des Registres (cité dans les *Avis* de 1783).

6° 1749. Il existe peut-être un mandement spécial pour l'établissement des retraites ecclésiastiques, qui a eu lieu cette année-là.

7° 1744-49. Le livret de l'Adoration perpétuelle contient un mandement de Carême de 1751, où nous lisons ces mots: « Après vous avoir exposé *plusieurs fois* dans *nos mandements des années précédentes*, l'obligation et la manière de sanctifier le jeûne, etc. Cette phrase indique des *mandements de Carême* que nous n'avons pas retrouvés et qui peuvent se rapporter à ces années-là.

8° 1764. Avertissement imprimé touchant la tenue des registres (cité dans les *Avis* de 1783).

9° Nous avons négligé de citer, sous la date de 1767, une édition abrégée (192 pages in-18) des *Instruction et Prières pour la dévotion au Sacré-Cœur de Jésus.*

10° Nous pourrions ajouter à cela deux discours manuscrits recueillis par une plume officieuse, l'un [1] prononcé à la bénédiction des drapeaux des régiments de Berwick et de Rhoute, allant s'embarquer pour soutenir la cause du prétendant Edouard, le 30 janvier 1746; l'autre [2] à un couronnement de *Rosières*, dans les dernières années de sa vie.

[1] Conservé dans la Bibliothèque de M. Abot de Bazinghen.

[2] En notre possession.

TABLE ANALYTIQUE DES MATIÈRES.

Arras, Typog. de A. COURTIN.

www.ingramcontent.com/pod-product-compliance
Ingram Content Group UK Ltd.
Pitfield, Milton Keynes, MK11 3LW, UK
UKHW020208250726
13967UKWH00003B/1344